## Tal ar Ben Bodran a Cherddi Eraill
*Talhaiarn*

Cymerodd Talhaiarn, sef John Jones (1810-1869), ei enw barddol o'i dref enedigol, sef Llanfair Talhaearn yn y Sir Ddinbych hanesyddol. Roedd yn un o feirdd Cymraeg mwyaf poblogaidd y bedwaredd ganrif ar bymtheg, ond hefyd un o'r rhai mwyaf dadleuol oherwydd ei fywyd afradlon, ei bersonoliaeth cwerylgar a'i wleidyddiaeth.

Roedd yn ddylanwad mawr nid yn unig ar ei gyfoeswyr ond ar feirdd telynegol yr ugeinfed ganrif. Mae'r detholiad hwn o'i gerddi yn cynnwys nifer o'i ganeuon, sef y gweithiau yr oedd mwyaf adnabyddus amdanynt yn ystod ei ddydd, ond hefyd ei englynion, ei gyfieithiadau o waith Burns a Byron, a'r cyhoeddiad cyflawn cyntaf mewn un llyfr o'i gampwaith hir *Tal ar Ben Bodran*, un o weithiau llenyddol mwyaf trawiadol y Gymraeg yn y bedwaredd ganrif ar bymtheg.

Lluniau'r clawr:
Portread o Talhaiarn (1864) gan
William Roos (1808-1878).

Statws llun: Parth cyhoeddus

Hawlfraint y testun diwygiedig:
©Melin Bapur 2025

Ni ellir atgynhyrchu unrhyw ran o'r llyfr hwn heb ganiatâd, ac eithrio at ddibenion adolygiad llyfr.

Cedwir pob hawl.

ISBN:
978-1-917237-62-8

Talhaiarn
(John Jones; 1810-1869)

# Tal ar Ben Bodran
# a Cherddi Eraill

Llyfrgell Gymraeg Melin Bapur
Golygydd Cyffredinol: Adam Pearce

John Jones, Talhaiarn (1810-1869),
llun gan John Thomas (tua 1865).

# Cynnwys

Rhagymadrodd ............................................................. xi
Tal ar Ben Bodran ........................................................ 3
  Y Canto Cyntaf .................................................... 3
    Brenin y Canibalyddion ................................. 7
  Yr Ail Ganto ........................................................ 10
    Cân Gwylan y Môr ....................................... 13
  Y Trydydd Ganto ............................................... 16
  Y Pedwerydd Ganto .......................................... 23
    Codiad yr Hedydd ....................................... 25
  Y Pumed Ganto .................................................. 28
    Cwyn Bardd Caradog .................................. 31
    Rhyfelgyrch Gwŷr Harlech ......................... 32
  Y Chweched Ganto ............................................ 34
  Y Seithfed Ganto ................................................ 39
    Hywel a Gwenno ........................................... 42
  Yr Wythfed Ganto ............................................. 44
    Anwylaf Hen Walia ..................................... 45
    Merch Megan ............................................... 46
    Ar Hyd y Nos ................................................ 48
    Llwyn Onn .................................................... 49
    Dafydd y Garreg Wen .................................. 49
  Y Nawfed Ganto ................................................ 51
    Awdl Hen Ffaswin ....................................... 51
    Y Bardd yn ei Awen ..................................... 56

Y Degfed Ganto, sef Canto'r Ddraenen ........ 59
Yr Unfed Ganto ar Ddeg ................................. 65
   Salm i'r Haul ............................................ 65
   Codiad yr Haul ........................................ 68
Y Deuddegfed Ganto, sef Canto Afon Elwy 69
   Gweddi Talhaiarn Brydydd Mawr ............ 72
   Cân i Afon Elwy ...................................... 74
Y Trydydd Ganto ar Ddeg, sef Canto'r Bugeilgerddi ............................................. 77
   Bugeiliaid Moel Emwnt a Moel Unben ... 77
   Aled ac Olwen .......................................... 81
   Cigyddgerdd ............................................. 83
Y Pedwerydd Ganto ar Ddeg, sef Canto Garibaldi .................................................. 85
   Hymn i Dduwies Rhyddid ........................ 89
Y Pymthegfed Ganto, sef Canto Mân Ganeuon ............................................................. 91
   Un Seliad Iawn yw Sali ............................ 92
   Peidiwch â Dweud wrth fy Nghariad ........ 93
   Siân Fwyn Siân ......................................... 96
Yr Unfed Ganto ar Bymtheg, sef Canto Ogof Moel Iago ................................................. 97
Yr Eilfed Ganto ar Bymtheg, sef Canto'r Tribannau ................................................ 104
Y Deunawfed Ganto, sef Canto Modryb Modlan .................................................... 110
Y Pedwerydd Ganto ar Bymtheg, sef Canto'r Awen ...................................................... 116

Yr Ugeinfed Ganto: Ecclesiastes....................121
Cerddi eraill a gyfansoddwyd erbyn 1855 ............ 126
    Cwyn y Bardd.................................................126
    Cwymp Llywelyn ............................................127
    Y Byd................................................................127
    Hiraeth-gân am Lanfairtalhaiarn ...................128
    Molawd y Cwrw...............................................130
    Rhyfel-Floedd 1854.........................................131
    Molawd Cymru ................................................132
    Beddargraff Hugh Morris................................133
    I Eben Fardd (Cywydd y Cymod)..................134
    Yr Eos a Minnau .............................................136
    I'r Ehedydd.......................................................137
    Canig.................................................................138
    Y Gwir...............................................................138
    Gweddi a Chyffes ............................................139
    Yr Enfys............................................................139
    I Ellis Roberts (Eos Meirion), Telynor Tywysog Cymru ...............................................................140
    Y Bard yn Serchglwyfus..................................141
    Castellog Greigiau Drachenffels ....................142
    Cwyn y Ferch Siomedig..................................143
    Dyffryn Clwyd .................................................144
    Sôn am Ysbrydion ...........................................145
Cerddi a gyfansoddwyd erbyn 1862...................... 158
    Dameg: Dic Siôn Dafydd yr Ail .....................158

Calennig i Gymru ................................................160

Ffarwel y Telynor i'w Enedigol Wlad...........161

Mae Robin yn Swil ...............................................162

Cymru Lân, Gwlad y Gân ...................................163

Y Dymuniad............................................................164

Cerdd, yn null Taliesin Ben Beirdd.................165

Yr Arian ....................................................................167

Toriad y Dydd.........................................................168

Pêr Naws Awen......................................................168

Tôn y Melinydd......................................................169

Cymer Ofal...............................................................170

Y Tylwyth Teg ........................................................171

Napoleon y Trydydd.............................................172

Y Ddeilen ar yr Afon ............................................173

Y Costog....................................................................174

Yn Hen ac yn Anghynnes. ..................................174

Y Doeth a'r Annoeth ............................................175

Geirda........................................................................175

Ein Prifardd Eben Fardd yn ei Glocs............176

Claddedigaeth Pencerdd.....................................176

Gruffydd ap Cynan ...............................................177

Cerddi a gyfansoddwyd erbyn 1869 ......................178

Caerffili......................................................................178

Sadnesses – Quellyn..............................................179

Efelychiad o'r Ffrangeg .......................................181

Y Gwlithyn ..............................................................182

| | |
|---|---|
| Traddodiad Beddgelert | 182 |
| Siencyn Morgan yn yr Eisteddfod | 184 |
| Rhyw Las-lencyn wyf o Gymru | 186 |
| Breuddwyd Blingwsg | 187 |
| Cwympiad y Dail | 188 |
| Afon Elwy | 189 |
| "Fe dyrr rhywun arall gynffon ei gi." | 190 |
| Ni Choeliwn yn fy Myw | 191 |
| Castell Rhuthun | 192 |
| Awen | 201 |
| Mynegai Llinellau Cyntaf | 202 |

# Rhagymadrodd

Wrth baratoi cyfrolau newydd ar gyfer y *Llyfrgell Gymraeg* nid yw'n arfer gennym i osod darlun o'r awdur ar y clawr: nid yw ffotograffau du-a-gwyn o feirdd yn tueddu denu sylw na dweud rhyw lawer i'r darllenydd am natur y cerddi oddi fewn i gyfrol. Gwnaethom eithriad yn achos *Tal ar Ben Bodran a Cherddi Eraill,* am sawl rheswm: yn gyntaf, mae darlun William Roos o'r bardd *yn* drawiadol: dyma'r fersiwn o'r bardd fel yr hoffai Talhaiarn i eraill ei weld, sef y rhamantydd Byronaidd. Yn ail, mae'r llun yn dweud stori: neu, yn hytrach, mae stori i'w hadrodd yn y gwahaniaeth rhwng y ffantasi yma o'r bardd a'r fersiwn go iawn – gweler llun John Thomas ar gefn tudalen deitl y gyfrol hon. Yn y llun hwn gwelwn Talhaiarn fel ag yr oedd yn ei flynyddoedd olaf: yn dew, yn flinedig, yn chwerw, yn sâl.

Talhaiarn heb os yw un o gymeriadau llenyddol mwyaf cyfareddol Cymru oes Fictoria. Fel llawer iawn o lenorion Cymraeg gorau'r oes, mae'n sefyll rhywfaint y tu allan i brif ffrwd y traddodiad llenyddol: er gwaetha poblogrwydd cyffredinol ei ganeuon ni ddaeth i'w ran erioed y llwyddiant Eisteddfodol yr oedd arno'i eisiau cymaint, yn rhannol oherwydd ffaeleddau personol, yn rhannol oherwydd rhagfarn yn ei erbyn, ond yn bennaf hwyrach gan nad oedd tueddiadau ei ddawn farddonol ar ei orau yn cyd-fynd yn ddigon destlus â ffasiynau'r cyfnod o ran ffurf na chynnwys. Gwan a difflach yw ei awdlau (ni fu erioed ar ei orau yn y mesurau caeth heblaw'r englyn), a'i bryddestau'n rhy grwydrol a mympwyol. Arwyddocaol yw'r ffaith fod ei bryddest arobryn *Castell Rhuthun*, buddugol yn Eisteddfod Rhuthun yn 1868, yn ymdebygu llawer mwy i gyfres o gerddi byr nag arwrgerdd (Eisteddfod Genedlaethol oedd hi, ond roedd hyn cyn dechrau gwobrwyo'r Goron, ac roedd sawl cystadleuaeth am bryddest y flwyddyn honno). Ond mae'n bur debyg bod cynnwys ei gerddi yn ffactor pwysicach na hynny: er ei fod yn berffaith fodlon porthi cynulleidfaoedd y cyfnod, ys dywed Bobi Jones, gyda "milltiroedd o linellau di-chwaeth ac arwynebol" ei ganeuon poblogaidd, ar y cyfan nid oedd yn fodlon cyfaddawdu ei werthoedd personol yn ei farddoniaeth fwy difrifol. Golygai hynny y gallai ganu i win a gloddesta mewn oes ddirwestol; canu i ryddid a'r unigolyn mewn oes o gydymffurfiaeth grefyddol; a chanu am bruddglwyf ac anobaith mewn oes hoffai esgus nad oedd y fath bethau'n bodoli.

Fodd bynnag, os golygai diffyg parodrwydd Talhaiarn i gyfaddawdu ar y gwerthoedd hyn nad enillodd parch a bri ei gyd-wladwyr bob tro, yna dyma'r union bethau sydd wedi sicrhau iddo barch a bri uwch o lawer mewn oesau diweddarach, ymysg beirniaid o leiaf, tra bod ffigyrau mwy 'parchus' a llwyddiannus fel Hwfa Môn, Nicander, Emrys a'u tebyg wedi mynd yn angof. Cydnabu Bobi Jones fod Talhaiarn yn "brydydd unigryw, deallus a phrofiadol a chanddo air i'w ddweud am fywyd mewn ffordd nas gwyddai Ceiriog"; aeth Saunders Lewis ymhellach gan ddweud mai "Talhaiarn oedd yr unig fardd yn ei gyfnod a chanddo ymwybod â thrasiedi bywyd dyn, a hynny'n angerddol."

Gwyddwn yr oedd yn ddylanwad sylweddol ar John Morris-Jones, a thrwy ef felly mae'n ddolen gyswllt hanfodol wrth olrhain etifeddiaeth y traddodiad telynegol Cymraeg o'r Hen Benillion a Huw Morus hyd at yr oes hon. Yn sicr, mae Talhaiarn yn haeddu cael ei grybwyll fel un o feirdd Cymraeg gorau'r bedwaredd ganrif ar bymtheg ochr-yn-ochr ag Islwyn, Ceiriog, Eben Fardd ac eraill. Mae ei gyfuniad unigryw (yn ei oes) o'r ysgafn a'r dwys, yr hardd a'r anghysurus, yn ei wneud yn fwy hygyrch ac uniongyrchol apelgar na'r un o'r rhain heblaw Ceiriog, ac nid oes dwywaith ei fod yn fwy o wir artist na hwnnw.

## *John Jones (1810-1869)*

Ganwyd John Jones yn Nhafarn yr *Harp*, Llanfair Talhaearn, yn 1810. Saif y dafarn o hyd, er ei bod hi bellach yn dŷ preifat heb ddim yn ei gylch i awgrymu ei hanes cythryblus. Safai Llanfair Talhaearn ar un o brif ffyrdd y porthmyn a byddai'r dafarn yn le prysur yn ogystal ag yn ganolfan bywiog i ddiwylliant gwerin yr ardal. Magwyd Talhaiarn gyda chanu, barddoniaeth a cherddoriaeth y delyn o'i amgylch o hyd. Eglwyswyr oedd ei rieni, mewn egwyddor o leiaf (nid oes llawer o dystiolaeth bod yr un o aelodau'r teulu'n grefyddol iawn).

Ei fam a redai'r dafarn o ddydd i ddydd: saer coed oedd ei dad, a byddai'r mab yn dilyn y tad i'r fasnach adeiladu. Golygai incwm dwbl y teulu eu bod yn gallu fforddio addysg gymharol dda i'w mab yn ôl safonau'r cyfnod, gyda phwyslais ar yr elfennau technegol a mathemategol y byddai o'r defnydd fwyaf iddo yn ei waith. Prentisiwyd y Talhaiarn ifanc i bensaer ac erbyn iddo ddod yn ugain oed, roedd eisoes wedi gweithio ar nifer o dai mawr yn yr ardal, Castell Gwrych ger Abergele yr enwocaf ohonynt.

Dechreuodd farddoni yn ei ugeiniau, gydag ambell gerdd yn ymddangos yn y papurau newydd erbyn diwedd yr 1830au; 1835 oedd y tro cyntaf i'w enw barddol ymddangos mewn print. Talhaearn yw'r sillafiad Cymraeg arferol ar y pentref, fodd bynnag

Talhaiarn yw'r ffurf ddefnyddiodd y bardd drwy gydol ei oes. Rywbryd yn ystod yr 1830au cyfarfu â'r bardd Gwallter Mechain, ei brif athro barddol; dysgodd hanfodion y gynghanedd ganddo, er na fyddai Talhaiarn fyth yn fardd medrus yn y mesurau caeth, heblaw'r englyn.

Roedd 1843 yn flwyddyn bwysig yn hanes Talhaiarn. Derbyniodd swydd gyda'r penseiri Moffat a Scott yn Llundain a byddai'n treulio bron y cyfan o weddill ei oes yn alltud, yn gyntaf gyda Moffat a Scott yn adfer eglwysi, ac o 1851 gyda Joseph Paxton ar rai o brosiectau adeiladu crandiaf a mwyaf cyffrous oes Fictoria, gan gynnwys Mentmore Towers yn swydd Buckingham a Château de Ferrières ym Mharis - tai preifat gyda'r mwyaf yn y cyfnod - a'r enwocaf oll, sef y Palas Grisial yn Llundain. Sonnir am Talhaiarn fel pensaer mewn rhai ffynonellau, ond fel y dangosir yn y cofiant trylwyr lluniodd Dewi M. Lloyd iddo, nid yw'n hysbys mai Talhaiarn oedd gwir bensaer dim ond eglwys yn Nhremain (Ceredigion) ac un tŷ yn ei bentref genedigol: gwaith Talhaiarn ar fwyafrif y prosiectau hyn oedd yr hyn a elwid ar y pryd yn 'Clerk of Works', ac y gelwir heddiw yn 'Project Manager': roedd yn gyfrifol am gydlynu timau o grefftwyr ac adeiladwyr i wireddu cynlluniau'r penseiri. Er gwaetha'r enw y byddai'n ennill yn ddiweddarach am loddesta mae'r holl dystiolaeth yn awgrymu bod Talhaiarn yn weithiwr caled a chydwybodol.

Yn Llundain ymunodd â'r Cymreigyddion a drwy'r sefydliad hwnnw daeth i gysylltiad â nifer o Gymry enwog y ddinas, gan gynnwys y cerddorion Pencerdd Gwalia (John Thomas) ac Owain Alaw (John Owen) y byddai'n cydweithio gyda nhw ar gasgliadau o ganeuon. Drwy gyfrwng y Cymreigyddion roedd Talhaiarn yn prysur wneud enw iddo'i hun fel arbenigwr gwybodus ar y traddodiad canu gwerin, ond enw hefyd fel gloddestwr oedd yn or-hoff o'i ddiod, a cheir y cyfeiriad cyntaf at y ffaith ei fod yn ddioddef o'r gymalwst (gowt) mewn englyn o 1847. Byddai'r cyflwr yn achos poenau cynyddol enbyd iddo am weddill ei fywyd.

Byddai Eisteddfod Aberffraw 1849 yn bennod ddrwg-enwog yn ei hanes. Roedd yn ymgeisydd mewn pump o gystadlaethau, gan gynnwys y gadair gyda'i awdl ar *Y Greadigaeth*, ac mor hyderus o'i fuddugoliaeth fel iddo dalu'n ddrud i rwymo'r awdl mewn lledr cain. Fodd bynnag roedd ei awdl yn frith o wallau cynganeddol a'r prif feirniad Eben Fardd (Ebenezer Thomas, 1802-1863) yn ddamniol ei feirniadaeth ohoni. Mae'n debyg na fydd yr union fanylion am yr hyn a ddigwyddodd wedyn byth yn hysbys, ond yn ôl rhai tystion cododd Talhaiarn ar y llwyfan i brotestio, gan rwygo'i awdl yn ddarnau; chwedl eraill, fodd bynnag, stranciodd Talhaiarn, gadael y babell, a rhwygo'r awdl i ddarnau ar ben bryncyn gerllaw. Beth bynnag ddigwyddodd yn union, roedd hi'n ddigon o scandal i Talhaiarn ymddiheuro'n gyhoeddus yn y wasg ychydig ddyddiau'n ddiweddarach. Serch hynny, awgryma Dewi Lloyd mai ychwanegu at ei enwogrwydd a hoffter ei gynulleidfa tuag ato wnaeth y digwyddiadau, ac, yn annisgwyl efallai, daeth Eben Fardd a Talhaiarn yn gyfeillion, gan lythyru o hynny allan. Yn sgil y digwyddiadau hyn cyfansoddodd Talhaiarn *Cywydd y Cymod*.

Hwyrach mai'r 1850au oedd uchafbwynt gyrfa Talhaiarn. Yn ystod y ddegawd hon dechreuodd gyhoeddi'r casgliadau o ganeuon - mewn cydweithrediad gydag Owain Alaw a Phencerdd Gwalia - fyddai'n ei wneud yn enw hynod adnabyddus. Fel esbonia'r bardd yn wythfed ganto *Tal ar Ben Bodran*, tasg Talhaiarn gyda'r rhain fyddai cyfansoddi geiriau ar gyfer hen dôn draddodiadol, gan ddefnyddio enw'r alaw fel testun i'r gerdd, a ffrwyth y cydweithio hwn yw nifer o'r cerddi sy'n ymddangos yn y gyfrol hon. Yn 1851, dechreuodd weithio gyda'r pensaer enwog Joseph Paxton, cyflogaeth fyddai'n ei arwain i Ffrainc am gyfnod yn 1855. Yn yr un flwyddyn cyhoeddodd gyfrol o'i farddoniaeth yn Gymraeg a Saesneg ynghyd â rhai llythyrau a darnau rhyddiaith eraill, sef cyfrol gyntaf *Gwaith Talhaiarn*. Roedd hi'n cynnwys tri chanto cyntaf *Tal ar Ben Bodran*, yr oedd y cyntaf ohonynt wedi ymddangos yn 1852. Drwy gydol y ddegawd hefyd byddai Talhaiarn yn cyfrannu'n helaeth at y wasg, yn amlach na pheidio drwy ddadlau: ni allai adael i rywbeth fod na rhwystro ei hun rhag dirmygu eraill pan fo anghytundeb, rhywbeth yn sicr a ychwanegodd at ei enwogrwydd ond hefyd ei amhoblogrwydd mewn rhai cylchoedd.

Gyda'i ganeuon, ei helyntion cyhoeddus a'i barodrwydd i rannu ei farn yn y wasg ar ystod o bynciau, roedd bellach yn ŵr enwog iawn, o leiaf yn y cyd-destun Cymraeg. Daliai fodd bynnag i ddeisyfu'r hyn oedd wedi'i osgoi gyhyd, sef llwyddiant Eisteddfodol. Golygai ei alltudedd yn Ffrainc bod yn rhaid iddo roi'r uchelgais hwnnw o'r neilltu am gyfnod, er iddo barhau i lythyru'n fynych.

Erbyn yr 1860au roedd ei fywyd afradlon yn dechrau dal i fyny ag ef: roedd yn ordew yn dioddef poenau'r gymalwst o hyd. Rhwng 1860 ac 1862 cyfansoddodd gweddill *Tal ar Ben Bodran*, gyda'i ddwy ganto olaf brawychus o chwerw a thywyll. Ymdaflodd ei hun fodd bynnag i gystadlu, ac yn yr Eisteddfod Genedlaethol yn Abertawe yn 1863 daeth iddo gyfle: testun yr awdl oedd Albert Dda, sef y Tywysog Albert, gŵr diweddar y Frenhines Fictoria. Monarchydd o argyhoeddiad oedd Talhaiarn a'r testun yn amlwg yn apelio. Ymddengys bod ar un o'r ddau feirniad, Clwydfardd, eisiau cadeirio Talhaiarn tra bod y llall, Iago Emlyn, yn ffafrio ymdrech Gwalchmai. Roedd bardd arall, Gwilym Hiraethog, i fod i weithredu fel canolwr pe bai anghytundeb rhwng y beirniaid ynghylch pa awdl oedd orau. Yn ôl y rheolau, dim ond dewis rhwng awdlau Talhaiarn a Gwalchmai ddylai Hiraethog fod wedi gwneud; fodd bynnag heb yn wybod i Clwydfardd anfonodd Iago Emlyn pum awdl wahanol at Hiraethog. Awdl bardd eto fyth, Emrys, oedd orau yn ei farn ef, a newidiodd Iago Emlyn ei ddewis i gyd-ymffurfio â Hiraethog a gwobrwywyd Emrys o ganlyniad gan fynd dros ben Clwydfardd, y beirniad oedd am i Talhaiarn ennill. Pan glywodd Talhaiarn am hyn, cyhuddodd yr anghydffurfwyr Hiraethog, Iago Emlyn ac Emrys o gynllwynio yn ei erbyn, ac er nad yw'n glir mai amddifadu Talhaiarn o'r wobr oedd y bwriad yn sicr roedd y beirniaid wedi torri'r rheolau. Esgorodd yr helynt ar rownd eto fyth o ddadlau cyhoeddus.

Erbyn canol yr 1860au roedd iechyd Talhaiarn wedi dirywio ymhellach fyth a gorfodwyd ef i roi'r gorau i'w waith pensaernïol. Aethpwyd ati'n llwyddiannus i drefnu pensiwn cyhoeddus iddo, sy'n tystio i'r parch yr oedd o leiaf rhai'n teimlo tuag ato. Yn 1866, yn ŵr chwerw, siomedig, dychwelodd at yr *Harp* oedd bellach ym meddiant ei chwaer. Daeth rhywfaint o lwyddiant Eisteddfodol iddo o'r diwedd yn 1868 pan enillodd wobrau yn yr Eisteddfod Genedlaethol gyda'i bryddest *Castell Rhuthun;* ond roedd hyn cyn sefydlu Coron yr Eisteddfod genedlaethol fodd bynnag.

Bu farw Talhaiarn y flwyddyn olynol, wedi'i drechu o'r diwedd gan yr afiechydon niferus oedd wedi'i blagio: gowt yn amlwg, ac iselder ysbryd mae'n sicr, ond ceir ambell awgrym o ddarllen ei lythyrau y gallai fod hefyd yn dioddef o ryw glefyd gwenerol, syffilis o bosib. Yn ôl nifer o ffynonellau, mewn poenau enbyd ac yn argyhoeddedig ei fod ar farw beth bynnag, daeth â'i fywyd ei hun i ben drwy roi bwled yn ei ben. Fodd bynnag, fel y dangosodd Dewi Lloyd yn ei gofiant, dim ond rhannol gywir oedd hyn: methiant fu'r ymgais dibris gyda'r pistol. Bu farw Talhaiarn beth bynnag ychydig ddyddiau'n ddiweddarach, gyda'r crwner o'r farn mai achosion naturiol oedd i'r farwolaeth.

### *Tal ar Ben Bodran*

...a cherddi eraill? Ond nid cerdd, fel y cyfryw, mo *Tal ar Ben Bodran*. Mae'r gwaith, mor bell ag y mae'n gwneud unrhyw synnwyr sôn amdano o gwbl fel un gwaith, yn cynnwys o'i fewn dros ddau ddwsin o gerddi hunangynhwysol, ynghyd a rhannau helaeth o ryddiaith, wedi eu rhannu mewn i ugain 'canto'. Mae'r defnydd o'r mesur Eidalaidd yr *Ottavia Rima* (mae'n debyg mai efelychu defnydd Byron oedd Talhaiarn o'r mesur mewn cerddi fel *Don Juan*, sydd hefyd mewn cantoau) yn rhoi rhywfaint o undod strwythurol i'r cyfanwaith, ond dim ond rhywfaint: nid yw'r mesur yn ymddangos o gwbl mewn wyth o'r ugain canto. Ychydig iawn o undod thematig sydd iddo chwaith: yn ei hanfod, cyfres o sgyrsiau mewn barddoniaeth a rhyddiaith yw *Tal ar Ben Bodran* sy'n trafod ystod eang iawn o bynciau, rhai'n ddifrifol a dwys, eraill yn ddoniol, eraill yn gyfan gwbl ddibwys, a rhai yn hollol ddi-chwaeth. Colofn papur newydd oedd y gwaith fel yr ymddangosodd gyntaf, ei awdur yn ei ddefnyddio i ddilyn ei fympwy.

Does dim dwywaith bod *Tal ar Ben Bodran* yn anghyson. Mae llawer gormod o ddeunydd difflach ynddo i'w alw'n gampwaith, ac mae ei rannau gwaethaf, megis *Brenin y Canibalyddion*, nid yn unig yn farddonol ddiwerth ond yn sarhaus yn ôl ein safonau heddiw.

Fodd bynnag, o ystyried y gwaith yn rhinwedd ei rannau orau - y cantoau olaf lled-enwog, ond hefyd y degfed, yr unfed ar bymtheg, ac mewn pytiau yma a thraw yng ngweddill y gwaith - rwyf yn tueddu i gytuno gyda Saunders Lewis, a ddisgrifiodd y gwaith fel "un o weithiau barddonol pwysicaf y bedwaredd ganrif ar bymtheg"; yn sicr mae'n waith sy'n haeddu ei ystyried yn ei gyfanrwydd, yn enwedig y ddau ganto olaf, ac nid fel cyfres o ddetholiadau yn unig (fel yr ymddangosodd yn *Blodeugerdd Barddas o'r Bedwaredd Ganrif ar Bymtheg*). Rhyfedd meddwl mai'r gyfrol hon yw'r tro cyntaf erioed i'r gwaith cyfan ymddangos rhwng cloriau un llyfr.

Yn wir, mae'n haeddu dadansoddiad mwy trylwyr nag y mae modd ei ddarparu yma; serch hynny ceisiaf gynnig rhyw fath o ddarlleniad ohono i wasanaethu fel cyflwyniad i'r gwaith, ac i annog y darllenydd i fesur barn Saunders Lewis a minnau yn erbyn y gwaith ei hun. Yn y bôn, cyfres o sgyrsiau yw *Tal ar Ben Bodran* rhwng y bardd a'i awen. Amrywiol iawn yw cynnwys eu trafodaeth dros yr ugain canto, ond maent yn dychwelyd o hyd at drafod barddoniaeth ei hun. Fodd bynnag, yn byrlymu o dan yr arwyneb o hyd mae'r chwerwder hynod hwnnw, sef profiad y bardd o'r hyn y byddem heddiw'n ei ddisgrifio fel iselder. Mae'r awen, a Talhaiarn ei hun yn fynych, fel petaent yn ceisio darbwyllo'r bardd i gymryd golwg cadarnhaol ar ei fywyd, ac i dynnu ei sylw at hwyl a llawenydd a chân. Fodd bynnag er gwaethaf eu hymdrechion mae meddyliau tywyll y bardd yn dychwelyd yn fwyfwy mynych, nes yn y diwedd cawn gampweithiau'r cantoau olaf, sef ymdrech olaf yr awen i berswadio Tal i beidio ag ymgolli i anobaith, cyn iddo wneud hynny yn union yn y canto olaf. Mae gwybodaeth am y cantoau olaf a'u cynnwys yn rhoi ystyr amgen hyd yn oed i'r deunydd mwyaf di-chwaeth ac ystrydebol, gan eu bod yn cynrychioli ymdrech y bardd i dynnu ei sylw oddi ar y tywyllwch sy'n cronni o'i gwmpas - fel y band yn chwarae cerddoriaeth ddawns ar ddec y *Titanic.*

Yn hynny o beth mae elfennau o'r gwaith sy'n fodern iawn, ac yn sicr yn hollol wahanol i'r un gwaith barddonol arall o'r cyfnod; mae'n hawdd gweld pam nad oedd at ddant darllenwyr y cyfnod, a pham y bu i'r gwaith felly mynd braidd yn angof. Yng ngeiriau Saunders Lewis eto, "Talhaiarn oedd yr unig fardd yn ei gyfnod a chanddo ymwybod â thrasiedi bywyd dyn, a hynny'n angerddol;" mae *Tal ar Ben Bodran* yn "gerdd fawr," meddai. Bydded i'r darllenydd benderfynu.

### ...a Cherddi Eraill

Mae enw Talhaiarn wedi'i gysylltu erioed â chaneuon. Y rhain oedd ei fara-menyn barddonol, yn eu plith "milltiroedd o linellau di-chwaeth ac arwynebol" chwedl Bobi Jones. Fel y soniwyd eisoes, cyfansoddwyd llawer iawn ohonynt ar gomisiwn gan gyfansoddwyr, ac ymgorfforodd lawer ohonynt i mewn i *Tal ar Ben Bodran* a thrafod y broses o'u cyfansoddi yn yr wythfed ganto. Mae'r gwaith mawr hwnnw'n cynnwys penillion cyfansoddodd Talhaiarn i donau adnabyddus iawn fel *Dafydd y Garreg Wen*, *Ar Hyd y Nos* a *Rhyfelgyrch Gwŷr Harlech*.

Rydw i wedi cynnwys detholiad ychwanegol o'r caneuon i'w hategu at y rhai sydd o fewn *Tal ar Ben Bodran*, gan gynnwys rhai oedd yn enwog iawn yn eu dydd fel *Mae Robin yn Swil* - cân Gymraeg fwyaf poblogaidd y ganrif, medd rhai - ond wedi tueddu ar y cyfan i gynnwys rhagor o gerddi rhydd Talhaiarn *nad* ydynt yn ganeuon, oherwydd y rhain yn fy marn i yw'r rhai sy'n dangos ei ddawn farddonol yn well.

Mae Talhaiarn wedi'i ddisgrifio fel yr unig lenor o bwys yn yr Iaith Gymraeg yn y bedwaredd ganrif ar bymtheg nad oedd yn perthyn o gwbl i'r traddodiad anghydffurfiol. Gellir mynd ymhellach na hynny a dweud mai Talhaiarn yw'r unig lenor yn ei gyfnod nad oedd materion crefyddol o ryw lawer o bwys iddo. Dyma agwedd sy'n ei wneud yn fwy apelgar na lawer o'i gyfoedion, o bosib, i drwch darllenwyr ein hoes heddiw: ei ddewis bynciau yw serch (*Yr Eos a Minnau, Toriad y Dydd*), gwladgarwch (*Cwymp Llywelyn, Gruffydd ap Cynan*), gwin (*Molawd y Cwrw*), a chân (*Y Byd*). Mae ganddo gerddi hefyd megis *Y Ddeilen ar yr Afon* a *Caerffili* sy'n archwilio ar raddfa fach yr un diriogaeth â chanto olaf *Tal ar Ben Bodran*, a'r cerddi hyn efallai yw'r arwydd amlycaf y tu allan i'r gwaith hwnnw bod Talhaiarn yn fardd a allai weithio ar lefel seicolegol oedd y tu hwnt i afael bardd fel Ceiriog. Eto i gyd, mae uniongyrchedd llawer o'r cerddi hyn yn apelgar iawn, a hawdd yw gweld sut y gallai rhywun fel John Morris-Jones fod â meddwl uchel o Talhaiarn. *Toriad y Dydd* yw'r union fath o gerdd fyddai Morris-Jones, neu W. J. Gruffydd yn ei gyfnod cynharaf, wedi gallu ysgrifennu. Rydw i wedi cynnwys ei gyfieithiadau o waith Byron a Shelley gan eu bod yn wirioneddol dda, ond hefyd gan eu bod yn dangos tarddiad yr agweddau hyn ar ei waith. Roedd Talhaiarn yn ddolen bwysig i gysylltu'r traddodiad Cymraeg â'r traddodiad Saesneg, yn ogystal â'r cyfnod cyn-Methodistaidd.

Mae hiwmor hefyd yn agwedd amlwg o lawer o'i gerddi – gwyddai Talhaiarn sut i chwerthin ar ei ben ei hun, ac mae'r ddwy gerdd i'w gyfaill Eben Fardd (*Cywydd y Cymod* ac *Ein Prifardd Eben Fardd yn ei Glocs*) yn dangos hyn ar ei orau. Hoffai ddefnyddio cerdd i adrodd stori hefyd, fel y gwnaethai Burns yn *Tam O'Shanter*, a droswyd gan Talhaiarn yn *Sôn am Ysbrydion*, ac mewn cerddi fel *Traddodiad Beddgelert* a *Dic Siôn Dafydd yr Ail*. Diddorol yw nodi na ddewisodd wneud hyn yn ei gerddi hiraf, fodd bynnag: cyfresi o ddelweddau yn hytrach na naratif cydlynol yw ei bryddest *Castell Rhuthun* a'i fugeilgerdd *Eilonydd ac Eiluned* (heb ei chynnwys).

Agwedd o fyd-olwg Talhaiarn na fydd o reidrwydd at ddant pawb yw ei Dorïaeth. Am resymau barddonol yn hytrach na gwleidyddol, dewisais beidio â chynnwys rhai o'r enghreifftiau amrwd ohono, fel *Ffyddlondeb Cymru* ("Bob nos a phob dydd, y rhoddwn drwy ffydd / Ufudd-dod i'r Goron yn rhadlon a rhydd"), a'i fersiwn o *Yr Anthem Wladol* (nage, nid honno, ond yn hytrach: "O dduw ein Harglwydd da / Cadw Fictoria!"). Fodd bynnag, rhaid deall Torïaeth Talhaiarn yn ei gyd-destun. Nid oedd ei agwedd at y frenhiniaeth yn wahanol o gwbl mewn gwirionedd i drwch beirdd ei gyfnod; canwyd pethau tebyg iawn gan lawer iawn o feirdd. O ran ei wleidyddiaeth, y Blaid Ryddfrydol, yn llygaid Talhaiarn, oedd plaid Mamon a materoliaeth (gweler y gerdd *Ni Choeliwn yn fy Myw*) ac roedd yn rhwym wrth y gwerthoedd anghydffurfiol y credai Talhaiarn - nid heb achos - eu bod wedi cael effaith mor andwyol ar lenyddiaeth a diwylliant gwerin Cymru. Mae'n debyg hefyd bod obsesiwn cymdeithas anghydffurfiol Cymru gyda dirwest, parchusrwydd a chywirdeb hefyd yn dân ar ei groen. Mewn llawer ffordd felly roedd Talhaiarn yn fwy rhyddfrydol yn ôl ein safonau heddiw na llawer o Ryddfrydwyr ei oes.

Y gwrthryfel yma yn erbyn safonau'i gymdeithas, a modernrwydd ei feddwl, sy'n gwneud Talhaiarn yn fardd mor apelgar heddiw – roedd yn anghydffurfiwr (gydag 'a' fach) mewn oes o gydymffurfiaeth, ac mae'n bosib mai o holl feirdd y bedwaredd ganrif ar bymtheg ei waith ef sy'n siarad orau i'n hoes ni. Nid oes amheuaeth ei fod yn un o feirdd mawr y ganrif, ac yn sicr mae'n rhan hanfodol o unrhyw Lyfrgell Gymraeg.

AP. 2025

*Ffynonellau:*

Jones, R. M. (gol.) (1988) *Blodeugerdd Barddas o Farddoniaeth y Bedwaredd Ganrif ar Bymtheg*, Cyhoeddiadau Barddas.

Lewis, Saunders (1981) *Meistri a'u Crefft*, Clasuron yr Academi: Caerdydd.

Lloyd, Dewi M. (1999). *Talhaiarn* (Dawn Dweud). Gwasg Prifysgol Cymru: Caerdydd.

*Ynghylch y testun:*

Daw'r cerddi yn y gyfrol hon o ystod o gyhoeddiadau blaenorol o weithiau barddonol y bardd. Rydw i wedi diweddaru'r orgraff lle bynnag y bu modd gwneud hynny heb amharu ar fydr, odl neu gynghanedd y cerddi. Ychwanegodd y bardd droednodiadau at rai o'i weithiau, yn enwedig *Tal ar Ben Bodran*; rydw i wedi cynnwys y rhain wrth gwrs; lle mae troednodyn yn ychwanegol rwyf wedi nodi hyn gyda [gol.].

*Nodyn:* Mewn ambell fan yn y gyfrol hon cyflëir gwerthoedd ac ieithwedd sydd yn hiliol ac yn sarhaus, ac mewn un man yn Nawfed Canto *Tal ar Ben Bodran* defnyddir gair sy'n gysylltiedig â hanes hir o hiliaeth, er nad yw'r cyd-destun yn sarhaus yn yr achos hwnnw. Afraid dweud nad yw'r golygydd na'r wasg yn arddel y safbwyntiau na'r ieithwedd yma mewn unrhyw ffordd.

# Tal ar Ben Bodran
# a Cherddi Eraill

FY HOFF GYDWLADWYR,
Wele ail gynnig i geisio eich boddio. Tybiwyf fod y Caneuon yn lled debyg i datws *pink-eyes* Robin Siôn Töwr: "rhai yn dda, rhai yn ddrwg, a rhai yn symol."

Byddwch wych, a doeth, a difyr.

Yr eiddoch yn bur ac yn bybyr,
*Yr Awdur*

(*Gwaith Talhaiarn* Cyfrol II, 1862)

# Tal ar Ben Bodran
(1852-62)
*(Prif Fynydd Llanfair Talhaearn)*

## Y Canto Cyntaf

Dadebra beraidd Awen lawen lwnc,
   Gan uchel eiste'n uwch na Llofft y Coryn;[*]
Er eiste'n uchel, isel yw fy mhwnc,
   Ond uchel yw fy mryd, ac uwch fy nhelyn,
Wrth ddweud, fy Awen bêr, O, tyrd o'th drwnc,
   A chana ribyn res i blesio lolyn,
Yr hwn a gara lol o'i ben i'w droed,
Sef Tal y talog, talach nac erioed.

Mae'r byd i gyd o 'nghwmpas, a mae nen
   Yr awyr asur[†] heb un cwmwl bolwyn,
Yn ddisglair ac eangfawr uwch fy mhen,
   Fel ymbarelo fawr heb gymorth polyn,
Ond can' mil harddach yw'r ogonol len
   Na pharasôl, o bigyn Llofft y Coryn –
Canolbwynt byd yw hwn, eb fi, yn ddiau,
Ac felly tybia 'mam a phawb o'm ffrindiau.

Ac os oes neb yn amau, safant yma,
   A gwelant yn ddi-gêl y gwir a ddwedais,
Mai hwn yw bogail y bydysawd – dyma
   Lle gwelir nen hanner-gron fel ei gwelais,
A'r haul yn gwenu ar y bryniau llyma
   A'r dyffryn tlysaf wnaed, a gaed, a gefais –
Mae'n wybren ni yn uwch o hanner milltir
Na wybren Rhyl, Caergybi, na'r Cyfandir.

---

[*] *Llofft y Coryn:* Pen y Mynydd.
[†] *Asur:* Glas; Saes. *Azure.* [*gol.*]

Yn awr dechreuwn: – Beth a welaf gyntaf?
  O! Tŷ fy mam ar foncyn wrth yr Eglwys,
Lle mae'r hen wreigan fwynaf ac anwylaf
  A welais i erioed – ei hwyneb gwiwlwys
A'i haddfwyn galon gerais, ac a garaf
  Â serchlon gred nes rhoir fy nghorff i orffwys:
O! Bendith iddi yn ei henaint hardd,
Mae'n fam i mi, os nad yw'n fam i *Fardd*.

A dacw'r Eglwys lle bu'r 'Prydydd Hir'*
  Yn darllen ac yn gweini'r ordinhadau;
Yn ardderchogi yr athrawiaeth wir
  A diliau barddol i gysuro'n tadau –
O! Garwr awen, a gorgarwr bur –
  Fe daflwn fantell am ei holl ffaeleddau –
Meddyliwn am y Bardd fel angel cûn,
A rhwydd faddeuwn holl wendidau'r *dyn*.

A dacw afon Elwy ar ei hynt,
  Yn llifo'n araf drwy y gwyrddion ddolydd,
Lle bûm i ganwaith yn ymdrochi gynt,
  Pan oeddwn fachgen glân, a llon, a dedwydd,
Yn rhedeg yn noethlymun yn y gwynt
  Ar draws y gro a'r ddôl, yn chwim garlamydd
Fel ebol gwyllt, yn llawn o nwyf a hoen,
A'r haul ac awel haf yn sychu'm croen.

Pwy na ddymuna fyw fel hyn o hyd
  Yn ieuanc ac yn rhydd oddiwrth ofalon!
Yn hollol ddieithr i flinderau'r byd,
  Yn fachgen bochgoch, siriol, glân ei galon!
Yn lle syfrdanu, glynu yn y glyd,

---

* *Prydydd Hir*: Ieuan (neu Ifan) Bryddydd Hir, (Evan Evans 1731-1788), bardd a chlerigwr fu'n offeiriad Eglwys Llanfair Talhaiarn am gyfnod.[gol.]

Trybaeddu mewn trafferthion a helbulon;
Ymreibio cyfoeth – caru gwag ogoniant,
Ar ôl y cwbl yn methu torri'r mawrchwant.

Ond ni ddaw ddoe yn ôl i blesio bardd,
   Nac ustus heddwch, morwyn lân, na brenin;
Llwyd wywo wnawn fel blodau clws yr ardd
   Pan ddelo gaeaf oes – ei wyntoedd gerwin
Ysgubant lencyn cryf a lodes hardd –
   I lawr â ni i lysoedd angau diflin;
Am hynny hollol ofer pob dymuniad,
Ac ofer cyfoeth – ofer dawn, a chariad.

Ni waeth heb sôn am farw – yfwn win,
   Bwytawn, "ymlawenhawn yn nerth ein hiechyd" –
Pwy gebyst fynna fod fel deilen grin?
   Pwy yn ei synnwyr a wrthoda wynfyd?
Gwell caru Gweno a chusanu ei min,
   Gwell bwth dedwyddyd na chartrefle adfyd,
Llawenydd ffyliaid nag anhunedd doethion –
Gwell gwên ar ên na galar yn y galon.

Ond trown y stori. Wele fryniau heirdd
   Ar dde ac aswy'n amgylchynu'r dyffryn
A droediwyd ganwaith gan awennol Feirdd[*]
   Wrth nyddu awdl, cywydd, cân, neu englyn:
'E gawn felys-foeth hyfryd yn eu ceirdd
   Mor bêr â diliau mêl neu lais y delyn:
Eu swynol fiwsig sydd, i'r Bardd, mor fwyn
Â sŵn yr awel yn y deiliog lwyn.

---

[*] Ifan Brydydd Hir, Dafydd Siôn Pirs, Siôn Powel o Ryd yr Eirin, ac eraill.

Moel Emwnt a Moel Unben welaf draw,
  A mynydd Moelfre'n pwyntio i'r gorllewin;
O dan y rhain, fel pe baent law a llaw,
  Mae coed a phlasau'r Henllys a Garthewin,
A gwartheg tewion yn y ddôl gerllaw,
  A gwartheg blithion roddant laeth yn ddibrin;
Ebolion, meirch, a defaid, ŵyn a lloeau,
A llanc a llances, hwyaid, ieir, a gwyddau.

A dacw greigiau'r 'Ryri'n las eu lliw,
  A'u llun fel dannedd llif yn gwalcio'r wybren;
Lle ceir clogwyni, llynau, llethrau gwiw,
  A miloedd o wrthrychau heirdd i'r awen –
Gwell imi beidio dweud na siw na miw
  Am ei phrydyddion, rhag im' godi cynnen:
Fe dybia'r rhain fod cywydd, cân, neu ddyri,
Yn uwch o gwrs nag uchaf graig Eryri.

Ac wele'r môr aflonydd ar ei daith
  Yn ôl a blaen o amgylch ogylch daear
Ei drai a'i lanw beunydd sydd ar waith,
  A'i donnau rholiol greant ru aflafar;
Ceir mil o longau ar ei fynwes laith,
  Yn bictiwr byw o nerth a gwerth digymar;
A dynion dewrion uwch ei lif heb ofn,
A physg yn heigio yn ei grombil ddofn.

A dacw'r gogoneddus haul yn mynd i lawr,
  A'i wyneb siriol yn goreuro'r wybren;
Cymylau a ymloywant yn ei wawr
  Yn ridens aur i gwrlid y ffurfafen;
O, eirian arwr! O ysblennydd gawr!
  Wyt filwaith harddach na'r oer loer, na seren,
Na holl blanedau yr eangder maith –
Goleuwr bydoedd ar dragwyddol daith.

Mae wedi machlud – rhaid i minnau droi
  Fy nghamau tua'r *Harp*\* at gwmni llawen,
Lle bydd yr oriau fel munudau'n ffoi
  Ar edyn pleser efo plant yr awen:
Mi ganaf fel yr eos, neu fel lloi,
  Yn nghwmni'r Slate,† "cadeiriwr mewn coed derwen,"
A llanciau'r Llan yn llon fel Hannibalyddion,
Tra bo fy nghân am *Frenin y Canibalyddion*.

## Brenin y Canibalyddion

(Tôn: *King of the Cannibal Islands.*)

Mi draethaf chwedl bach i chwi
Yn loyw, hoyw, ffraeth, a ffri,
Am frenin mawr ei fraint a'i fri,
  Sef Brenin y Canibalyddion.
Ei hyd oedd ddwylath a lled llaw,
A'i ben 'run lun â phen hen raw;
Roedd ganddo swyddogion, wyth neu naw,
A'i balas a wneid o bridd a baw;
A'i enw oedd Brwchan-wchan-iach,
Llumangi-hyllgi-wichgi-wach;
A'i wisg yn crogi fel hen sach
  Am Frenin y Canibalyddion.

(*Cytgan i bob pennill*)
Yn howcio, cowcio, llowcio'n lli,
Chwipio, a hicio, a chicio'r ci,
Yn strim-stram-strellach yn ei *spree*
  Bydd Brenin y Canibalyddion.

---

\* Tŷ fy Mam.
† Perpetual Chairman Tal.

Roedd trugain o wragedd yn ei dŷ,
Pob un yn ddu, pob un yn hy',
A deugain o hyll-dduach ddu,
  Gan Frenin y Canibalyddion.
Ac felly i gyd roedd ganddo gant,
I foddio ei fyd ac i foethi ei fant;
A genid bob wythnos ddau o blant,
A'r Brenin a ganai gyda'i dant!
Gan ddawnsio i Wisgan-isgan-aw,
A Sipog-lethog-lwythog-law,[*]
Nes syrthio ar ei gefn i'r baw –
  Ow! Frenin y Canibalyddion.

Un diwrnod gyrrai'r Brenin wa'dd
I bawb o'i ddeiliaid o bob gradd,
Fod hanner ei wragedd i gael eu lladd
  Gan Frenin y Canibalyddion.
A'i ddeiliaid a ddaethant oll i'r wledd,
A bwriad farus ym mhob gwedd;
Pob ysglyfaethgi'n hogi ei gledd,
I sleifio a hifio yn ddihedd;
Roedd pawb yn slaffio a llyncu'n llawn,
A bwytwyd y cwbl yr un prynhawn;
Ac un yn bloeddio, "Mi fwytwn, pe cawn,
  Hen Frenin y Canibalyddion."

---

[*] Enwau ei gariadon.

'Rôl iddynt hel yr esgyrn yn lân,
Dechreusant ddawnsio a chanu cân,
A'r gwragedd eraill ddiangasant o dân
  Hen Frenin y Canibalyddion.
Dechreuai'r Brenin floeddio'n hy',
Gan ddawnsio o ddeutu drws ei dŷ;
"Does yma'n awr ond cais lle bu,
Pa le mae 'ngwragedd, Llym-go-lu?"[*]
A rhedodd i'r goedwig oedd gerllaw,
A gwelodd ei wragedd yn law-a-llaw
Hefo'i d'wysogion yn mhell-bell draw –
  Ow! Frenin y Canibalyddion.

Wel yn union y gyrrodd res o wŷr,
I ddyfod hefo'u cleddyfau dur,
I dorri eu gyddfau, heb hidio'r cur;
  Braf Frenin y Canibalyddion.
A thorrwyd eu gyddfau bod ag un,
Pob hyll, anghynnes ddynes a dyn;
A'r Brenin a chwarddodd ynddo'i hun,
A neidiodd i'w wely i feddwl cael hun;
Ond 'sprydion y gwŷr a'r gwragedd a ddaent,
A'i binsio a'i bigo, a'i flino a wnaent,
A'i foldio a'i rolio bob nos y maent –
  Ow! Frenin y Canibalyddion.

---

[*] Y Prif Swyddog.

## Yr Ail Ganto

Tyrd Awen unwaith eto ar dy hynt
  Yn law-law efo'r Bardd i Lofft y Corryn:
Dod im' dy nawdd er mwyn yr amser gynt,
  Pan fuom yma'n cwafrio tannau'r Delyn –
Gwell genyf fwyta gwelltglas – gwario punt –
  Neu lyncu physic – neu gusanu 'ngelyn –
Neu gicio *row* – nâ'th ddigio di f'anwylyd,
Fy addfain dduwies, fy angyles lân-bryd.

*Yr Awen:*

Rhag c'wilydd iti Tal – O! Tal, rhag c'wilydd,
  Mi wn nad wyt yn hidio dim amdanaf;
Mi'th welais neithiwr yn cusanu Morfydd,
  A'i galw hi yn lonnaf eneth lanaf,
Gan ddweud fod serch yn fil melysach brydydd
  Na holl Awenau'r byd – beth ddaw ohonaf?
O! Tal, O! Tal, rwyf agos â llesmeirio –
Na, na – saf draw – ni chei 'run cusan eto.

Ti a'm gadewaist, do, o bryd i bryd,
  I flyrtio hefo Rhyddiaith yn y *CYMRO*;
Ac yn ddiweddar eist ar draws y byd
  I'r Fenni fawr, fel Arthur gawr, i spowtio;
A minnau'n gaeth mewn hiraeth mawr o hyd,
  A thithau'n chwerthin ac yn rigmarolio,
Heb hidio dim amdanaf, mwy na'r gwynt –
Nid felly'r oedd hi yn yr amser gynt.

*Tal:*

Wel, wel, fy nghalon annwyl, paid ag wylo,
  Tydi yw 'nghariad wiw ar ôl y cwbl,
 Y nos pan hunwyf; neu pan fyddwyf effro,
  Yn chwipio rhagrith hefo'i wyneb dwbl,
Neu'n adeiladu, planio, neu arlunio;
  Er gwaethaf gwendid, llondid, busnes, trwbl,
Tydi yw gobaith, serch, a mun fy mynwes –
Tydi yw 'nghalon – ti yw fy angyles.

*Yr Awen:*

Wel, wel, Tal bach, rhaid maddau iti eto –
  Beth fydd y testun? Beth am lyn y felin,
Neu'r argae fawr, neu lanciau'r llan yn potio,
  Neu lwch, neu gwch, neu fwch, neu dwmpath eithin,
Neu'r *Slate* a theulu loli'n caberlulio,
  Neu fuwch Sion Pirs yn bwyta'r cwd a'r eisin?
Neu'r haul – lloer – sêr – y gorlewychol gôr –
Neu'r eigion maith – beth meddi am y môr?

*Tal:*

Y môr! Y môr! Cydganwn gerdd i'r môr,
  Yr hwn sydd hynach na'r mynyddau mawrion;
Yn gryf a pherffaith daeth o ddwylo Iôr:
  Hen, hen ei ddefnydd – ieuanc yw ei wendon,
Yn adnewyddu beunydd – nid oes dôr,
  Na throsol nac atalfur i'w chwareuon:
Ni luddia henaint ei grochruad certh,
Ei furmur swnfawr, na'i dragwyddol nerth.

Er amser y Crëad chwaraeai y Weilgi
Gan rolio ei lanw yn ngrym ei wrhydri;
Ar droeau yn rhuo dan fflangell y stormydd,
Dro arall, fel baban, yn huno yn llonydd:
Rhyfeddol ei agwedd, a llawn o ddirgelwch,
Mawreddus ei wyneb mewn storm a thawelwch:
Arwyddlun Iehofah, ardderchog, a llachar,
Yn wregys dragwyddol oddiamgylch y ddaear.

*Yr Awen:* Go lew, Tal – Dyna ddelweddau lled odidog – yn enwedig y wregys yna. Dyna ddelwedd i'm boddio i'r dim. Ond i mi y perthyn yr ysbrydoliaeth. Ni fuasit byth yn canu fel yna heb fy nghwmni i.

*Tal:* Wel, 'mechan i, nid awn ni ddim i daeru ynghylch y mater; ac o ganlyniad, gad imi fynd ymlaen, os byddi mor fwyn.

Pwy feiddia dy ffrwyno, O eigion mawreddog!
Pwy, pwy a reola dy ruthrau gorlidiog,
Pan fydd y tymhestloedd yn hyrddio dy donnau,
Nes iddynt ymchwyddo i ddyfrol fynyddau!
Glafoeri dy ewyn o ddirmyg at ddynion,
A sugni eu llongau i ddyfnder yr eigion –
Pan fyddi mewn cythrudd, pwy feiddia dy lochi,
A dweud, gyda hyder, "Hyd yma y deui!"

*Yr Awen:* Go lew, eto. Ond nid ydwyf yn hoffi'r gair "llochi" yna. Be wyt ti yn feddwl wrth lochi'r mor? Tybiwyf fod amhriodoldeb yna.

*Tal:* Fel hyn: Pan fyddi di yn ddrwg dy dymer a mursennaidd, byddaf yn dy lochi a'th anwesu, nes deui mor addfwyn â'r oen; ond pan fydd y môr mewn cythrudd, pwy feiddia ei lochi ef?

*Yr Awen:* Wel, bid siŵr, dyna reswm. Dacw long, Tal; cana iddi.

*Tal:* Mi dreiaf. Hai ati hi.

Mor deg yw y llong sydd yn lledu ei hwyliau,
A'r awel yn chwyddo ei gwynion ysgwyddau;
Mae'n edrych fel alarch yn falch ar y wendon,
Yn nofio yn harddwych hyd wyneb yr eigion;
Mawr lestr yn llwythog o nwyddau goludog,
Y dynion yn ufudd, a'r Cadben calonog
Yn falch o'r ymddiried a roir i'w wybodaeth,
A'i ddysg yn nirgelwch celfyddyd morwriaeth –
Duw, cadw'r llong werthfawr rhag gwastraff y
  stormydd,
Ac arwain y dwylo i'r porthladd yn hylwydd.

*Yr Awen:* Wel, Tal, yn wir, a dweud y gwir yn onest, canig go sâl oedd yr olaf. Y mae gan Byron un linell yn disgrifio llong yn werth yr holl gwbl. "*She walks the water like a thing of life.*" Dyna farddoniaeth, 'machgen i. Yn awr, gad i minnau dreio fy llaw ar ganig:

## Cân Gwylan y Môr

(Tôn: "*A Life on the Ocean Wave.*")
(Pitsia'r *Key*, y Barfog!)

Yn fwyn a dedwydd fy mron
  Yr af i fyny ac i lawr,
Wrth nofio o don i don
  Hyd wyneb yr eigion mawr:
Llawenydd a gaf o hyd
  Yn swyn awelon yr haf,
A'r gwynt yn siglo fy nghrud,
  A'r haul yn tywynnu'n braf;

Myfi yw Banon y lli
  Mae 'ngorsedd yn eang a llaith;
Pleserus a melys â mi
  Yw rhyddid y moroedd maith:
    Yn fwyn a dedwydd fy mron
      Yr af i fyny ac i lawr,
    Wrth nofio o don i don
      Hyd wyneb yr eigion mawr.

Pan fo storm yn chwiban uwch ben
  A'r môr yn crochrüo *bass*,
A chaddug yn hulio'r nen
  Gan guddio yr awyr las;
A'r fellten yn gwibio fry,
  A'r daran yn rhwygo'r nef,
Mi chwarddaf a nofiaf yn hy;
  A'm calon a lam i'w llef:
Ar frig yr ewynnog li,
  Marchogaf yn llon fy ngwedd,
Ni fyddai o bwys i mi,
  Pe'r ai'r byd i gyd i'r bedd:
    Yn fwyn a dedwydd fy mron
      Yr af i fynu ac i lawr,
    Wrth nofio o don i don
      Hyd wyneb yr eigion mawr.

*Tal:* Wyst ti be, 'ngeneth i, tydw i ddim yn hoffi'r "Pe'r ai'r byd i gyd i'r bedd" yna.

*Yr Awen:* Pŵ, pŵ, Tal, wyt ti yn meddwl fy mod o ddifri? Yn chware ac yn ceisio bod yn grand yr oeddwn i, lolyn.

*Tal:* O o'r gorau, ond pa fodd y bydd gwylan yn marchogaeth y don? Tybiwyf mai nofio y bydd gwylan.

*Yr Awen:* Dyna hi eto. Ffigur poëtaidd yw'r peth. Ti a wyddost, neu dyli wybod, fod gennym ni hawl i ddweud a gwneud fel y mynnom, heb hidio cloncwy am reswm a gramadeg. Weli di yr Haul yn machludo – mi wn ei fod yn hanner duw gennyt – cân iddo fo.

*Tal:* Gyda bendith, mi dreiaf.

> Wele'r haul yn machludo mewn wybren rudd-
> wridog,
> Uwch ben y mawr eigion fel Arwr gorenwog:
> O'i amgylch mae myrdd o gymylau goreurol;
> Ymdyrrant i hoffi ei wedd dangnefeddol:
> Mae Naf y ffurfafen yn gwenu yn siriol,
> Pelydrau ymledant o'i wyneb disgleiriol
> I euro yr eigion; ac yntau'n adlewych
> Gogoniant y Brenin ysblennydd a gorwych;
> Ymddengys yr Arwr fel pe bai'n petruso
> Ymadael o olwg ein bro i fachludo,
> Rhag ofn na cha' weled golygfa mor wiwlan
> Tu arall i'r ddaear ym meithder pedryfan.

*Yr Awen:* Ffarwel, Tal.

*Tal:* Ffarwel fy anwylyd – *au revoir.*

# Y Trydydd Ganto

*Tal:*

Tyrd, Awen annwyl, tyrd, fy ngeneth fwyn,
   I gopa Llofft y Coryn unwaith eto;
Mae'r adar mân yn pyncio yn y llwyn,
   A'r sêr a'r lleuad wedi mynd i glwydo;
Mae gwawr y dwyrain deg yn llawn o swyn,
   A'r Huan mawr yn dringo draw i liwio
Cymylau – creigiau – bryniau – pantiau – glynnoedd,
Ar fore haf – O! Braf yw naf y nefoedd.

Mae'r wybren asur yn ddisgleirwych iawn,
   I'n denu ni ein dau i uchel leoedd;
A'r gain Aurora mewn porfforwisg gawn
   Yn dawnsio'n chwim ar drumen y mynyddoedd,
Er rhoi croesawiad llon i'r huan llawn,
   Sy'n cychwyn ar arwraidd daith drwy'r nefoedd;
Croesawn ninnau desog deyrn y nef,
Nid oes yn anian oll ail iddo ef.

*Yr Awen:*

Fy nhad, Apollo, Phoebus, Huan, Haul,
   Mae Tal a minnau'n dotio ar dy lendid;
O ddydd i ddydd y codi yn ddi-ffael,
   A pher oleuni chwardd yn dy felynwrid.
Nid wyt yn eiste'i lawr i gyfri'r draul,
   Nac yn yscelcio mewn mursennaidd wendid;
Ond llenwi eang anian â dy wên:
O, uchel fri! Rwyt ti yn hardd yn hen.

*Tal:*

Mae'r milod mawr a mân yn llawn o swyn
  Wrth araf droedio carped gwyrdd y dolydd,
A'r adar yn telori yn y llwyn;
  Ti, huan hael, wyt dad eu nwyfiant dedwydd –
A gwasgod werdd y gwisgi waun a thwyn,
  A choed, a glyn, a bryn, a phant, a mynydd;
Pob peth a harddir gan dy wenau di;
Tydi wyt frenin o dragwyddol fri.

*Yr Awen:*

Mae'r llwyni'n awr yn gwisgo lifrai hardd,
  A llygaid (mân) y dydd yn britho'r meysydd;
Mae blodau amryliwion ym mhob gardd,
  A gwlith yn perlio yn dy wên ysblennydd:
Pob afon wrth dy adlewyrchu chwardd
  Gan lifo'n araf drwy y ffrwythlon ddolydd;
A'r ffrydiau mân sisialant glod i ti
Wrth lithro'n ddisglair drwy ein nentydd ni.

*Tal:*

Mae'r môr yn murmur ei fawreddog gân,
  Can' croeso iti, Arglwydd y ffurfafen;
Rwy'n hoffi adlewyrchu'th wyneb glân,
  Wrth rolio'n ôl a blaen o gylch daearen;
Fy nghesyg mawrion a fy nhonnau mân
  A ddawnsiant ar fy mynwes laith yn llawen,
Pan fydd dy danbaid dêr belydron di
O entrych nen yn llon-gusanu'r lli.

*Yr Awen:*

Pan ar dy yrfa drwy'r ffurfafen faith,
  Y tarth bolwynog gilia o dy wyddfod:
Ti sugni'r gwlith oddi ar y ddaear laith,
  A'r holl gymylau ymlawennant ynod:
Gosgorddlu'r nef a'th wyliant ar dy daith
  I hau llawenydd ar y ddaear isod:
Y pêr awelon süant glod i ti,
Ac Anian floeddia, 'Wele 'mrenin i!'

Dos ymlaen, Tal.

*Tal:* Na wna i, f'anwylyd – yr wyf wedi blino; ac heblaw hynny, y mae y *falan*\* arnaf.

*Yr Awen:* Pŵ, pŵ, lolyn! Cana, yfa, cara, gweithia, llafuria, a gwna'r peth a fynnot, ond paid ag anobeithio – y mae hynny yn ffolineb a rhyfyg hefyd.

*Tal:* Ni waeth iti p'run, fy ngeneth i, ni chana i ddim ychwaneg – Gorweddaf i lawr ar fy hyd yn y mwsog, â 'mhen ar dy lin, i synfyfyrio ar Ddyffryn Clwyd, y Môr, Aurora a'r Haul – Cana di faint a fynnot; ond, diogi a hedd i mi.

*Yr Awen:* Wel, bid siŵr, yr wyt ti yn un neis, ac yn gwmni hawddgar ar ben bore haf i foneddiges addfwyn fel y fi – ahem! Wel, wel, y mae'n debyg y rhaid i ti, fel pob dyn gwamal a nwydus, gael dy ffordd dy hun – gwrando:

---

\* *Melancholy*, yn ôl Geiriadur y Llanfairolion. [Y Felan]

Nid ydyw edifeirwch am a fu
  Ond ysiad cancr i friwedig galon;
Ni waeth heb ocheneidio am y sy',
  Na llethu'r pen a'r fynwes â thrallodion:
Ac am a fydd, mae llên o gaddug du
  O amgylch ogylch nythle ei ddirgelion,
Na threiddir drwyddi byth gan ddawn na gwŷn
Na choeg-freuddwydion na dychmygion dyn.

Y rheol euraidd yw, mwynhau y sydd
  Â chalon ddedwydd – hi yw mamaeth mwyniant;
Os rhy y fron ei hyder ar a fydd,
  Y melys obaith dry yn chwerw siomiant;
Pan ddelo gaeaf oes – o ddydd i ddydd
  Holl flodau prydferth y darfelydd wywant,
Gan adael dyn yn adyn noethlwm, blin,
I drengi ar y llawr fel deilen grin.

Clyw, Tal, huodledd mwyn yr adar mân,
  Nid ydynt hwy mewn pryder am yfory,
Yn byw mewn "gofal yn lle cynnal cân" –
  Paham nad allwn ninnau fydio felly?
Gwell gennyf fod fel eos, nac fel brân
  Yn crawcian yn bruddglwyfus a di-lety:
Tra bom yn canu, bydded peth y bo,
Mae hynny'n well na chrïo "*Milk below.*"

Gad i ni ganu *chorus*, *mon ami*,
  A "*Choi mi deri*," ffansi llanciau Llanfair,
Pan fyddant yn y Gwyliau ar eu sbri,
  Yn iachus chwerthin am dair awr neu bedair,
Gan roddi croeso gwych i ti a mi,
  Y chwart yn llawn a'r tafod heb lyffethair,
A llond yr *Harp* o deulu lliwus llawen,
Yn bloeddio, "Hip hwrê i Tal a'r Awen."

O! Dyna'r llwybr i fwynhau y byd,
  Nid eistedd yn y gornel yn bruddglwyfus
I rincian mewn anhunedd drwg o hyd,
  A chadw cyl fel adyn gwael truenus,
A chrynu, rhynu, glynu yn y glŷd
  A beio pawb fel tennyn anffortunus:
Ni cheir ond gofid calon o anhunedd,
A phoenau, loesau, croesau yn ddiddiwedd.

I ddweud yn ddistaw, rhyngot ti a mi,
  Gwell gennyf fi gael cerdded, rhedeg, neidio,
Neu uno efo bechgyn ar eu sbri,
  Ac yfed, chwerthin, canu, rafio, dawnsio;
Cynhyrfu'r gwaed nes bo'n gynhesol li
  Yn rhedeg drwy'r gwythiennu'n llawn o gyffro
I wrido'm gwedd, a gwneud fy ngwên yn llon,
A gwefrdân mwyniant yn fy nedwydd fron.

Tal, wyt ti yn cysgu?

*Tal:* Nac ydwyf, 'ngeneth i.

*Yr Awen:* Mi wn nad wyt yn gwrando – Pa beth a genais?

Tal: Crogi neb ŵyr, mechan i –

*Yr Awen:* Dyna hi – mi wyddwn i ar gorau fod dy feddwl yn gwibio o flodyn i flodyn, fel glöyn byw mewn gardd, yn lle gwrando arnaf fi.

*Tal:* Wel yn wir, fy nghalon i, a dweud y gwir, buost yn rhy hir-wyntog, ac yr oeddit wedi pitsio'r *key* yn rhy fflat, er i ti geisio bod yn llawen – Dylit wybod mai stori fèr a'm plesia i, ac nid ribidires o rywbeth yn slipio rhwng fy nwylo fel cynffon llysywen.

*Yr Awen:* Tal, dyna sarhad – mi dorraf fy nhelyn, ac ni chanaf ddim ychwaneg.

*Tal:* Wel, f'anwylyd, tor dy delyn, ond paid â strancio – mi ganaf fi fy hun.

*Yr Awen:* Cana i'r twmpath eithin, ynte, ni wna i ddim gwrando arnat – mi wn i o'r gorau nad wyt ti ddim yn fy ngharu i fel yr wyf fi yn dy garu di, chwedl Clychau Aberdyfi – mi af i ffordd y munud yma i Sir Fôn at * * * ; y mae o yn ddi-awen, ac o ganlyniad mi gaf lety, a chroeso, a pharch ganddo fo.

*Tal:* Wel, os felly y mae hi, dos â chan' croeso; mi fenthyca innau awen Owen Bol Glasdwr a ffidil Dic Mary Bengam, i fflyrtio efo nhw, o hyn allan.

*Yr Awen:* Mi d-d-d- dorri fy-fy-fy nghalon, T-t-t-tal.

*Tal:* Wel, f'anwylyd paid â chrïo – Tyrd i fy mynwes.

*Yr Awen:* N-n-na wna'i dd-dd-ddim.

*Tal:* Canwyll fy llygad.

*Yr Awen:* Rhagrith.

*Tal:* Hudoles fy enaid.

*Yr Awen:* Hymbyg.

*Tal:* Angyles fy nghalon.

*Yr Awen:* Bosh!

*Tal:* Na, mewn gwirionedd, yr wyf yn hoffi dy lun a dy liw, dy feingorff nwyfus a'th wên serchlon, dy wefus gwrel, fêl-wlithog, a dy wyneb gwyn-wridog. Er i ti sôn, yn dy bennill olaf, am fynd ar dy sbri efo'r bechgyn i yfed, rafio, canu a dawnsio, yr wyf yn gwybod mai tipyn o *jeu d'esprit* oedd hyn, a dy fod yn gwybod cystal â minnau am linellau un o'r cynfeirdd:

> "Gorau athro yw arfer,
> Hardd iawn ar ŵr yw hyder,
> Gwisg orau i ferch yw gwylder,
> Wedi profi ffyrdd lawer,
> Mae'r byd i gyd yn ofer." *

Mi wn hefyd fod moes, rhinwedd, a boneddigeiddrwydd yn hanfodol ynot, ac mor naturiol i ti a gwaed coch mewn

---

* [Canu Llywarch Hen]

coes bren. O ganlyniad, mae'm serch yn nythu ynot. Pan fo'r byd yn gwgu arnaf, pwy a'm cysura? Tydi. Pan fo'r pruddglwyf a'i grafanc yn fy nghalon, pwy a'm coda o leid-dir anobaith? Tydi. Pan fo gofalon busnesol yn llethu fy 'mennydd, pwy a'u chwâl i bedwar gwynt y nefoedd? Tydi. Pan fo oriau llawenydd yn fy llenwi â dedwyddyd, pa beth yw'r prif achosydd? Tydi. Wel, fy anwylyd, gyda thi y gwnaf fyw, mewn storm a thawelwch, blinfyd a moethfyd, adfyd a gwynfyd – Tydi yw coron fy ngogoniant – dyro gusan?

*Yr Awen:* Tal dafod aur, cofleidia fi, gorff a chalon! Y mae dy iawn am y sarhad yn fiwsig i'm henaid!

# Y Pedwerydd Ganto

*Tal:*

Fy Awen dlosfain, dere gyda'r bardd
  Ar wawr y dydd i gopa Llofft y Coryn;
Cawn eilio melys gân yn ddiwahardd,
  Tra bo yr hedydd mwyn yn tiwnio'i delyn;
Cawn syllu'n swynol ar olygfa hardd
  O amgylch ogylch bryn, a phant, a dyffryn,
A Llanfair oddi tanom yn y tes,
Yn perlio'n ddisglair gan yr haul a'i wres.

*Yr Awen:*

Wel, dyma ni yn awr ar ben y mynydd,
  Gorweddwn yn y mwsog i glustfeinio
Ar beraidd bur beroriaeth yr ehedydd,
  Sy'n uchel iawn uwchben yn llafar-seinio
Mêl-nodau nwyf o lawnder calon ddedwydd;
  Mae ffrwd o fiwsig hudol yn dylifo,
Mewn cywair weithiau'n llon ac weithiau'n lleddf,
O'i fynwes fwyn yn ôl anianol reddf.

Mor hyfryd mae yn pyncio melys fawl –
  Dychmygaf glywed adlais bendigedig
Mein-dannau telyn angel yn y gwawl,
  Neu anthem cherub cain ysbrydoledig,
Neu ganiad seraff pur mewn hyfryd hawl
  Yn nefoleiddio alaw ei garolig:
Nid yw yn awr ond spotyn bach uwch ben,
A phrin y'i gwelir yn yr asur nen.

Ust! Gwrando! Braidd y clywir ef yn awr,
  Mae'n dringo'n uwch yn uwch i'r las ffurfafen;
Esgynna fry â'i osgo tua'r wawr
  I anfarwoli ceinion hoff ei awen;
Fel enaid byw yn gadael daear lawr
  Ar hynt i nefol fro tu hwnt i'r wybren –
O na chaem ninnau, Tal, ei ddilyn ef
I bur gynteddau dedwydd yn y nef.

Edrycha, Tal – disgynna'n ôl i'r byd,
  Nid â i'r nef heb gwmni ei anwylyd,
Fu lawer canwaith yn ei fynwes glyd,
  Yn cydymdeimlo cyfrin serch a'i wynfyd:
Chwibanu'n ddestlus wna o hyd o hyd,
  Mewn perffaith hwyl yn nwyfiant ei ddedwyddyd;
Ac wele nawr mae'n saethu i lawr yn syth
I garu ei gymhares yn ei nyth.

*Tal:* Go lew, 'mechan i. Ond cofia mai "nid da lle gellir ei well." Gwell i ti bolishio tipyn ar y penillion cyn eu hargraffu, neu mi fydd y criticyddion yn tynnu'r gribyn fras ar eu traws hwynt, gan wneud i ti wrido, ystrancio, ac wylo yn chwerw dost.

*Yr Awen:* Dyna hi, Tal. Dyna fel y byddi di bob amser. Rhyw gymysg o glod a gogan gaf gennyt beunydd, a minnau ar fy ngorau glas yn gwneud fy egni i dy blesio, gan ddisgwyl cael clod, parch, a moliant gan y byd i gyd o'i gwr – a –

*Tal: Ah mon Dieu! Que vous êtes innocente, et char- mante! j'aime bien votre näiveté, ma cherie, et je jure –* *

*Yr Awen:* Cofia, Tal, mai morwyn lân loyw o Gymru ydwyf fi, ac nid da gennyf iaith ystwyth, ffals, anwesog y Ffrancod. Y mae siarad Ffrangeg ar Ben Bodran mor

---

* 'Duw! Rwyt ti mor ddiniwed, ac annwyl! Rwy'n caru dy naïfrwydd, cariad, mae mor – '

gymwys ag anterliwt mewn wylnos, neu alarnad mewn gwledd.

*Tal:* Wel, f'anwylyd, nid awn ni ddim i daeru ynghylch y mater. Gad i ni fyw mewn "heddwch, dedwyddwch, a chymdogaeth dda." Dymunwn i ti dreio dy law ar ganig i'r ehedydd, ac yr wyf yn addo bod yn astud, dyfal, a gwyliadwrus – yn serchlon, ffyddlon, a ffôl, os mynni.

*Yr Awen yn canu ar yr hen dôn Gymreig,*
## Codiad yr Hedydd

Cwyd, cwyd, ehedydd llon,
O'th ddedwydd nyth ar ael y fron,
  I ganu yn y nen:
Mwyn, mwyn y tônau mêl
O'th beraidd big a'th galon ddêl
  I synnu'r byd uwchben:
Pawb a hoffant swyn dy gân,
  Sy'n llifo'n ffrwd o fiwsig ffri:
Nwyfus fawl dy galon lân
  Enynna dân fy awen i;
Anwylaf wyt o'r adar mân,
  Boed bendith Dduw i ti.

Llon, llon yw'r ddaear lawr,
Mae'r haul yn gwenu ar y wawr
  Yng ngwrid y dwyrain dêr:
Dring, dring ehedydd mwyn,
Dyhidla odlau llawn o swyn
  O groeso i dy Nêr:
Cân yn Eden, yn dy grud,
  A roist i'r greadigaeth hardd:
Iddi'n awr o bryd i bryd
  Alawaidd dôn o'th big a dardd;
A chanu wnei o hyd o hyd
  Tra haul, a byd, a bardd.

*Tal:* Ai dyna'r cwbl?

*Yr Awen:* Ie, a llawn ddigon hefyd. Gwell cân fer bob amser na rigmarol bum-llath-ar-hugain o hyd. Pan fo cân yn fer, pe bai yn ddi-chwaeth, trwsgl, a di-enaid, ni phair ddiflastod i'r cwmpeini. Ond os y bydd cân olau-bwyll, gywrain, a chywirfarn yn rhy hir, blinir arni, hyd yn oed pe bai wedi cael ei chordeddu gan Satan, Sant, neu Archangel. Treia dithau dy law, yrŵan, Tal, yr wyf fi wedi blino.

*Tal:*

Pe bawn yn ehedydd, mi godwn foreddydd
  I ganu uwch gweunydd yn hylwydd fy hynt;
Mi fyddwn yn effro fel pencerdd yn pyncio –
  Nid lelo yn hwylio anhelynt.

Ond gan nad wyf hedydd, ond rholyn o brydydd,
  Neu wynog awenydd, annedwydd fy nod,
Yn dilyn hudolwyr, a'u seiniau disynnwyr,
  Wyf eryr annifyr fy nhafod.

Gwell gennyf drin beiau, a gwawdio ffaeleddau,
 A chwestiwn a chastiau gwendidau pob dyn;
A chodi cythrwfl i foddio gwan feddwl
 Rhyw benbwl a mul-ddwl wamal-ddyn.

Pe medrwn i ganu yn swynol, a synnu
 Etholion a theulu hen Gymru i gyd,
Cawn delyn mewn cywair, a meinwen a mwynair,
 A phurair yn Llanfair, a llonfyd.

Cawn fyw heb elynion, a threisiaid a thrawsion,
 A d – liaid a dylion anffyddlon mewn ffau;
Anhygar ddraenogod a dyrfant o orfod,
 Fel gelod i'r gwaelod o'r golau.

Ond gwagedd o wagedd, o furum oferedd,
 Yw disgwyl anrhydedd a rhinwedd yn rhad;
Am hynny, fy meinwen, fy enaid, fy awen,
 Awn benben yn llawen i'r lleuad.

# Y Pumed Ganto

Deffroed gwŷn ac ynni yn fy mron,
    Deffroed trwmped, symbal, dwsmel, telyn,
Ac aed eu llafar dros y ddaear gron,
    I lonni cyfaill ac i lidio gelyn:
Bendigaid yw y gwir ar dir a thon,
    Melldigaid yw anwiredd llym ei golyn:
Y gwir a saif drwy gymorth nefol rad –
Anwiredd â i uffern at ei dad.

Gorthrymder sy'n rheoli ymhob man,
    Ac anghyfiawnder geir oddi ar ei ddwylo;
Rhyw benbleth o anghysur ydyw rhan
    Y rhai sy mewn tylodi llwm yn suddo:
Anghenfil brwnt yn llethu'r gwael a'r gwan
    Yw'r gor-thrais trwm a bair i filoedd wylo;
Ac wedyn rhyfel, dwndwr, mwstwr mawr,
I wrido'r nef a rhuddo'r ddaear lawr.

Fel hyn y bu, y mae, fel hyn y bydd;
    Cymysgedd o ddaioni a drygioni
Yw'r byd i gyd o'i gwr, i gaeth a rhydd,
    O amser Cain o hyd at amser Boni;[*]
Grymuster gormes sydd yn cario'r dydd,
    A buddugoliaeth rhyfel sy'n coroni
Concwerwyr mawr y byd â llawryf gwyrdd –
O! Gysur braf i laddedigion fyrdd.

---

[*] *Boni*: 'Boney', sef Napoleon Bonaparte [gol.].

O! Mae Moloch Rhyfel gyda gloyw-lym gledd
    A fflammog wedd yn denu dynion ato,
Gan gynnig iddynt ysglyfaethus wledd,
    Wrth ladd a blingo, llarpio a llygindio;
Ac yntau'n eistedd ar ei waedlyd sedd,
    Tra bo y cadau cedyrn yn ymruthro
I 'winedd angau ar eu ffyrnig hynt –
A chwelir hwynt fel us o flaen y gwynt.

Dychrynfawr ac ofnadwy yw ei gwaith,
    Yng nghanol mwg a thân a thwrf magnelau;
Bwledi chwarddant ar eu chwyrnwyllt daith,
    Gan wneud adwyon llydain yn y rhengau –
I lawr â nhw i fynwes cleidir llaith,
    Yng nghanol ufel, ymffrost, a bonllefau –
Carlamu mae y meirch drwy faes y gwaed,
A'r ddaear sigla dan eu treisfawr draed.

Hwrê! Hwrê! Mae'r gelyn cryf yn ffoi,
    A rhwygir yr awyrgylch â bonllefau;
Mae mantol clorian rhyfel wedi troi
    I ochor Arwr mawr y celaneddau;
Mae buddugoliaeth anferth wedi cloi
    Y lladdedigion oll yn llysoedd Angau,
Yr hwn ni pharcha arwr fwy na chath –
O! Dyma wag ogoniant heb ei fath.

*Yr Awen:* Tal, permit me to ask you a question. How is it that you continually come in collision with the prejudices of your countrymen? Is it from your hearty hatred of everything that is tinged with cant, hypocrisy, and humbug? Or –

*Tal: Pas du tout, ma cherie.* It is from ignorance, sheer ignorance, ignorance and perversity.

*Yr Awen:* Ie, ie, *perversity*, dyna'r gair, oblegid yr wyf yn gwybod yn eithaf da, pan roddir gormodglod i unrhyw beth, bid iaith, gwlad, cenedl, neu'r peth y bo, bydd rhyw ysfa anorchfygol yn dy ewinedd i dynnu'r peth hwnnw yn dipiau moddau mân – *c'est vrai, n'est ce pas, mon ami?*

*Tal:* Taw â sôn – weli di Forfa Rhuddlan lle bu'r waedlyd gyflafan rhwng y Lloegrwys a'r Cymry dan Offa a Charadog yn 795? Y mae'r haul yn tywynnu arno yn awr fel pe na bai rhyfel, drycin, na llanw erioed wedi ei anurddo. Fel hyn y dywed "Y pura gŵr Parri o Gaer," yn y *Royal Visits*: "At this time, however, a general action took place between these parties, upon Rhuddlan Marsh, Flintshire. The Welsh, who were commanded in this memorable conflict by Caradoc, King of North Wales, were defeated with dreadful slaughter, and their leader was killed in the field. All who fell into the hands of the Saxon Prince were ordered to be massacred. According to tradition, the Welsh who escaped the sword of the conqueror in their precipitous flight across the marsh, perished in the water by the flowing of the tide." Dyna i ti destun cân, fy mechan i.

*Yr Awen:* Rhy anhawdd i mi, Tal, yw dilyn camau y Prif-fardd chwaethus, dawnus, ac athrylithgar, Ieuan Glan Geirionnydd. Y mae ef wedi cyfansoddi un o'r cerddi godidocaf yn yr iaith, a gwae i un dyn ganu ar y testun ar ei ôl ef, oblegid y mae ei gerdd wedi dwfn-wreiddio yng nghalon y genedl.

*Tal:* Digon gwir; ond er mor deimladwy, disgrifiadol, a chywrain yw'r gerdd, nid yw, ysywaeth, yn cydfynd â'r dôn yn ei symledd gyntefig, fel y mae hi ar lawr yn llyfr Edward Jones, Bardd y Brenin. Dylai'r llinellau ddiweddu yn ddeusill ac unsill, bob yn ail, i gydfynd â'r dôn, ond y mae ei holl linellau ef yn diweddu yn ddeusill, a thrwy hynny collir *musical rhythm* yr hen dôn leddf a chwynfanus. Heblaw hynny, y mae Ieuan yn disgrifio'r frwydr (yn hynod drawiadol, bid siŵr), ond fe ddywed traddodiad mai ar ôl colli'r frwydr a chwymp Caradog, y cyfansoddodd ei Fardd y dôn alarnadol, ac er mwyn cysondeb, dylid cadw hyn mewn golwg. Gwyddost yn eithaf da, fod ein serch a'n parch at y pereiddfardd pruddfwyn, Ieuan Glan Geirionnydd, mor gryf, fel na faidd undyn ddweud fy mod wedi gwneud y sylwadau uchod i dreio ei ddifrïo. Gwnaed hwynt, yn unig, i'th anogi ac i'th gefnogi i dreio dy law ar y testun, ac yn anad dim, i gynnal yr hen dôn yn ei pherffeithrwydd.

*Yr Awen:* Wel, mi dreiaf, ond yr wyf yn nesáu at y testun gyda gwylder a pharchedig ofn.

## Cwyn Bardd Caradog
(Tôn: 'Morfa Rhuddlan.')

Cwympodd Caradog, dyrysodd ei fyddin,
    Cwympodd blaenoriaid a dewrion y gad;
Gwynedd lesmeiriodd pan gollodd ei Brenin,
    Cwmwl o dristwch a huliodd y wlad:
Rhelyw anffodus y rhengau wrth gilio
    'Sgubwyd gan angau i grombil y don;
Duodd y cwmwl, a thorrodd i wylo,
    Concwest y gelyn a ysodd bob bron.
Gwae i mi weled y gelyn buddugol,
    Rhwysg a gorfoledd yn llonni ei bryd;
Llethir fy mynwes gan loesau angheuol,
    Gwell i mi farw na byw yn y byd:
Eilia fy nhelyn leddf dôn i'r gyflafan,
    Collwyd ein breintiau, ein rhyddid, a'n hedd
Todded fy nghalon i gwyn 'Morfa Rhuddlan,'
    Cuddier fy ngofid yn nyfnder y bedd.

*Yr Awen:* Treia dithau dy law, Tal, ar gân ryfelgar. Y mae rhyfel yn fwy naturiol i ti nag i mi.

*Tal:* Wel, hai ati hi.

# Rhyfelgyrch Gwŷr Harlech
(Tôn: 'The March of the Men of Harlech.')

Harlech, cyfod dy faneri –
Gwêl y gelyn – ennyn ynni
Y Meirionwys oll i waeddi,
    Cymru fo am byth:
Aed y waedd ac aed y weddi
I bob cwr o'n gwlad uchelfri,
Nes atseinia yr Eryri,
    Cymru fo am byth:
Arwyr, sawdwyr, sydyn
Rhuthrwn ar y gelyn,
Gyrrwn ef i ffoi o nant,
A bryn, a phant, a dyffryn;
Chwifiwn faner goruchafiaeth,
Gorfoleddwn yn ei alaeth;
Clywir llef ein buddugoliaeth,
    Cymru fo am byth.

Gwaed sy'n gwrido y cleddyfau,
Twrw mawr a thincian arfau;
Uwch na'r twrw ceir bonllefau,
    Cymru fo am byth:
Saethau a phicellau wibiant,
Cyrn utganant – meirch weryrant –
Milwyr ruthrant – rhengau floeddiant,
    Cymru fo am byth:
Tanbaid yw calonnau,
Grymus ydyw breichiau
Gwŷr yn ymladd dros eu gwlad,
Orenwog wlad eu tadau –
Gwyllt a ffyrnig yw'r ymladdfa –
Gwancus yw y cledd wrth wledda –
Duwies buddugoliaeth floeddia,
    Cymru fo am byth.

*Yr Awen:* Gwarchod pawb, Tal, y mae arnaf dy ofn di. Y mae cythreuleiddiwch rhyfel yn fflamio yn dy lygaid brych-leision. Heddwch, heddwch, heddwch.

*Tal:* Na, na, na; gafr a'm cicio i, rhyfel a'i pia hi; hip, hip, hip, hwrê!

# Y Chweched Ganto

("Gwell byw mewn baw na marw mewn
anrhydedd." – *Y Ddraig Werdd*)

Athrawiaeth newydd heb ei bath yw hon,
  Yn bendifaddau dylai gael astudiaeth;
Gwrandewch, hynafgwyr doeth a llanciau llon,
  A chwithau'r merched mwynion drwy'r holl dalaith;
Pe cawn i bastwn mawr, neu ffust, neu ffon,
  Mi ddyrnwn holl ragrithwyr i farwolaeth –
Ond chware teg, fe ddylwn fyw'n ddihalog,
A gwell fy hun, cyn dyrnu fy nghymydog.

Ond pwy sy'n hidio am ei feiau'i hun?
  Mae'n haws o lawer gweled beiau arall;
Dirmygu ffrind, ac edliw lliw a llun
  Rhyw benbwl ffôl i'r doeth, a'r doeth i'r anghall,
A chodi cynnen certh rhwng dyn a dyn,
  'Sgyrnygu, ac ysgythru fel â bwyall:
Pa beth yw hyn i gyd ond byw mewn baw,
Yn ôl athrawiaeth lem y Dragwm draw.

Pa beth yw'r holl fynyddoedd mawrion? Baw.
  A baw yw bryn a phant, a glyn a dyffryn,
A'r pysg sy'n heigio yn y moroedd draw,
  A'r naill i'r llall yn ysglyfaethus elyn:
Yr adar mân ymladdant yn ddifraw,
  A theirw, mulod, meirch, a chŵn i'w dilyn,
Yn ôl naturiol reddf eu cyfansoddiad;
Maent oll am ymladd pan y b'ont mewn cariad.

Ac felly dyn, er gwaethaf grym ei bwyll
 A buan ehediadau dawn ysblennydd;
Mae tŷ ei feddwl yn ystafell d'wyll,
 Tu mewn i'r gromfa sydd yn cuddio'i fennydd,
A hwnnw'n aml mewn afiachus rwyll,
 Yn gwneud y dyn yn adyn gwael annedwydd;
A phan fo'n ceisio dilyn ffyrdd doethineb,
Mae'n gweld nad yw y cwbl ond ffolineb.

Fel hyn o ddydd i ddydd mae'n ymdrybaeddu
 Yn ôl ei chwant mewn baw, a llaid, a llygredd;
Anaml mae yn cael y peth mae'n haeddu,
 Anamlach fyth mae'n cyrraedd gwir anrhydedd:
Cenfigen a gelyniaeth sy'n ei faeddu
 Ar hyd ei oes o'r dechrau hyd y diwedd;
Ac yn ei ddirfawr boen a'i hoen di hedd,
Gwêl ar bob llaw mai baw yw'r byd a'r bedd.

Er hyn i gyd mae'r Dragwm yn ei le,
 'Gwell byw mewn baw na marw mewn anrhydedd;'
Ni waeth pa sut, mewn gwlad, a llan, a thre',
 Tlodi, angen, gofid, gwarth, anhunedd;
Mae rhywbeth wedi'r cwbl dan y ne',
 Yn gwneud i ddyn osgoi ac ofni'i ddiwedd:
Mae'n edrych gyda dychryn yn ei bryd
Ar gryman gwancus angau'n medi'r byd.

*Yr Awen:* Da tydi, Tal annwyl, paid â chanu rhagor fel yna. Y mae cân fel honyna yn codi cythrudd, braw, a dychryn ynof.

*Tal:* Wel, f'anwylyd, cana dy hun, os wyt ti'n tybio y medri ganu yn well.

*Yr Awen:*

Mae rheswm, pwyll, a barn yn dweud i ni,
    Gwell gochel baw, a marw mewn anrhydedd;
A phrin y rhaid i'r Awen ddweud i ti,
    Mai gofid dwys a geir o ddilyn llygredd,
A distryw iechyd, pwrs, a pharch, a bri,
    Ac asgre'n meithrin' scorpion ddi-drugaredd,
Yr hon a yrr ei cholyn drwy'r gydwybod;
A'r galon fydd yn nythle i wiberod.

O! Gwell o lawer byw yn ddoeth a da,
    A gwell yw dilyn llwybrau ffydd a rhinwedd;
Yng nghwmni rhain y galon lawenha,
    A hulir y gydwybod â thangnefedd;
A gwisgir gwedd â gwên fel heulwen ha';
    Y corff yn iach, a'r galon heb eiddigedd,
Yn meithrin teimlad gydag ysbryd helaeth
I garu popeth yn y greadigaeth.

Mae llawer o ddaioni yn y byd;
    Ac er ei fod yn gymysg â drygioni,
Fe ddylai dynion roddi eu holl fryd
    I chwynnu'r drwg sy' 'nglŷn â phur ddaioni;
Doethineb sydd yn llefain yn y stryd,
    Ond nid yw dynion byddar yn bodloni
I ddilyn ei chynghorion ar eu hynt –
Gadawant iddynt fyned gyda'r gwynt.

Daionus cariad mam at faban hardd –
   O! Dyma gariad perffaith wynfydedig,
Mae'n llifo'n helaeth gyda'r llaeth a dardd
   O'i dwyfron dêr i'r baban bach swynedig:
Ni fedr angel, proffwyd, byd, na bardd,
   Ddisgrifio holl deimladau bendigedig
Y fam at faban yn ei ddedwydd nyth –
O! Bendith iddi, cared ef am byth.

Daionus cariad plant at eu rhieni –
   Mae anian wedi greddfu'r teimlad ynddynt,
O'r munud poenus hwnnw caent eu geni,
   Ar hyd eu hoes – ni waeth i ble yr elynt,
O gariad pur eu llygaid llon sy'n llenwi,
   Troi at eu cartref gyda hiraeth wnelynt;
Ac agos yn ddieithriad ymhob gwlad,
Mae serch yn gryfach at y fam na'r tad.

Mae serch rhwng mun a mab, a mab a mun,
   Yn treiddio drwy ddyfnderau gwraidd y galon;
A dynes fwyn yw prif ddedwyddyd dyn,
   A thrysor pennaf byd – tra bo yn ffyddlon:
"Ffrwythwch ac amlhewch," medd Duw ei hun –
   Daioni ddaw o ddilyn ei orchmynion –
Drygioni ddaw o ddilyn merched ffôl,
Ni cheir ond edifeirwch ar eu hôl.

Ymddengys hyn yn eglur iawn i mi
   Fod hyd yn oed y drwg yn parchu rhinwedd:
Pa beth yw rhagrith, efo'i wyneb ci,
   Ond dynwarediad gwael a ffals o buredd?'
Does neb yn hoffi (rhyngot ti a mi)
   Y gwarthrudd tost o'i ddal yn dweud anwiredd:
Mae pawb, yn gall a ffôl, o dan y rhod,
Yn hoffi gweniaith, ac yn caru clod.

Daionus yw elusen i'r tylawd,
  Â phoced lawn i weini cysur iddo,
Gan dynnu allan rhwng y bys a'r bawd
  Ryw gardod deg haelionus i'w gysuro;
Ac yntau'n diolch ar ei druan rawd,
  Ac yn bendithio'r hwn a'i hymgeleddo:
Mae hyn yn well o lawer, Duw i'm rhan!
Na gwasgu y tylawd, y gwael, a'r gwan.

Daioni yw y *rheol* yn y byd,
  A chwymp oddiwrth y rheol yw drygioni;
Cyfiawnder sy'n arglwyddes deg ei phryd—
  Y hi yw'r unig un sydd yn bodloni
Y pen a'r galon – hi yn raslon ddydd
  Drugaredd yn ei phuredd i goroni
Elusen; dengys hyn mewn modd di-goll
Mai cariad sy'n rheoli anian oll.

*Tal:* Wy'st ti be', fy ngeneth i, yr wyt ti, yn dy burdeb a'th ddiniweidrwydd, wedi fy nghuro i; ac yr wyf fi o ewyllys calon yn rhoi y gorau i ti.

*Yr Awen:* Wel, diolch am hynny, ond cofia o hyn allan mai nid da y testun y bu'r Ddraig Werdd a thithau yn chwerthin yn ei gylch – "Gwell byw mewn baw, na marw mewn anrhydedd."

## Y Seithfed Ganto

Ha, ha! Mae'r haf yn dyfod gyda gwên,
    I blesio'r meddwl ac i lonni'r ysbryd;
Llawenydd rydd i galon lleyg a llên –
    Ei bêr alawon sydd yn llawn o fywyd,
Fel cân fy nghyfaill Ceiriog am y Trên,
    Neu seiniau Owain Alaw yn ei wynfyd:
Can croeso iddo, ar ei desog daith,
I euro gwedd a llonni'r ddaear faith.

Mae myrdd o flodau ar ei wasgod werdd,
    Teganau gogoneddus yw ei geinion;
Ca' gwmni adar mân, a chân, a cherdd,
    Yn llawn gorfoledd – iechyd fo i'w galon.
Dros ddôl a glyn, a phant a bryn, y cerdd,
    Ac erys i fol-heulo yn yr hinon:
Boed croeso anrhydeddus byd a bardd
I'w wên a'i ên, i'w wisg a'i goron hardd.

Holô! holô! Mae'r awyr swrth yn fwyglyd,
    A llonydd yn y ddôl yw'r anifeiliaid;
Mae pawb yn llwrf, fel hen simneiau myglyd,
    A distaw yn y llwyn yw'r holl ehediaid;
Mae'r defaid dof yn ddi-fref a dioglyd,
    Pob peth yn farwaidd ond y crwydrus wybiaid:
Tew-lenni duon sy'n crynhoi uwchben,
A storm yn gwgu ar y byd o'r nen.

Cymylau grwydrant yn yr awyr bygddu,
   Mae caddug dudew'n cuddio bryn a dyffryn,
Gan wneud y nef a'r ddaear fel y fagddu;
   Y llachar fellt dywynnant am funydyn,
Fel fflamog seirff yn y ffurfafen fygddu;
   Ysblennydd ydynt ar eu gwibdaith sydyn;
Bywiog a disglair yn eu byr-ogoniant –
Cyn inni prin eu gweled, ymddiflannant.

Chwyrn yrfa trydan gyffry rymus graid
   Arswydus ymerodres pob mawrhydri;
Y daran gerth ry hwb, a cham, a naid,
   O ben Moelunben draw i greigiau'r 'Ryri:
Y glaw yn ddylif dry y llwch yn llaid,
   Afonydd a rhaeadrau sy'n crychferwi,
Gan chwyddo ac ewynnu ar eu taith
I geudod annigonol moroedd maith.

Yn awr mae'r storm yn cilio dros yr Wyddfa,
   I rafio ar ei thaith ym Môr y Werydd;
Yr erchyll daran mwyach ni chrechwena
   Ar ei dychrynfawr rawd dros gopa'r mynydd;
Y cwmwl yn ei wewyr a ddiflanna,
   Arafu wna y llifoedd a'r glawogydd:
Ac wele enfys! Caffed felys fawl,
Unbenes ac arglwyddes wiw y gwawl.

Y hi yw tywysoges lliwiau ceinion,
   Mae'n ogoneddus fwa dros y dyffryn,
Genhedlwyd gan yr haul o'r gwlithlaw ffrwythlon;
   Mae'n uno nef a daear megis cadwyn:
Efallai bod hi'n bont i gain angylion
   I gludo cariad Iôr, ac yn arwyddlun
O heddwch a thrugaredd i'r holl fyd –
A gwyllt a gwâr a ddotiant ar ei phryd.

Pelydrau'r haul sy'n euro bryn a llwyn,
    Mae gwlith yn perlio ar y dail a'r dolydd;
Adfywiant sydd yn llonni gwaun a thwyn,
    Gan harddu rhedyn, grug, ac eithin mynydd;
Mae mân-ddail Mai yn fyw o lafar mwyn
    Yr adar mân; a'r gwartheg blith yn ddedwydd:
Ebolion yn carlamu yn eu nwyfiant,
A'r wyn yn prancio mewn chwaraegar fwyniant.


Wel, fy ngeneth i, beth meddit am hynna?

*Yr Awen:* Wel, yn wir, Tal, a dweud gwir yn onest, pe buasit yn gadael i mi gael siâr yn y gwaith, buasai'r penillion yn well; ond yr oeddit ti, ym malchder dy wag-ogoniant, yn tybio dy hun yn ddigon cryf-adeiniog i ehedeg heb fy nghymorth i.

*Tal:* Ha, ha, *cela m'amuse*. Dymunwn wybod pa beth oeddit ti yn ei wneud ar hyd yr amser?

*Yr Awen:* Tra buost ti ym myd hud a lledrith yn rigmarolio am y storm –

*Tal: Sacré vache! Qu'est-ce-que vous voulez dire?*

*Yr Awen:* Wel, gan nad wyt yn hoffi'r gair rigmarolio, beth pe bydda i ni ddweud pendroni, neu tal-droni.

*Tal:* Y mae y naill mor ysgymun â'r llall, ac oni bai fy mod yn gwybod dy fod yn gywir, diniwed, a golau-lwys, mi giciwn *row* ar gopa'r mynydd yma, nes y bydda ceiliogod y rhedyn yn rhoi hwb, a cham, a naid, i ddynwared y daran. Ond gan fy mod yn gweled gwên swynol yn tywynnu yn dy wyneb gwyn-wridog, a deigryn serch yn gwlitho dy lygad, tybiwyf mai ysmaldod a siaredi. Unwaith eto, dymunwn wybod pa beth oeddit ti yn ei wneud ar hyd yr amser?

*Yr Awen:* Pan oeddit ti yn treio disgrifio y storm, a'r haul yn tywynnu'n braf drwy gydol y dydd, yr oeddwn innau yn brysur wau canig serch.

*Tal:* Gad inni ei chlywed hi. Tendia dy hun, a chana yn dy ddull gorau, heb goll na gwall mewn nodyn, acen, na phwyslais, oblegid cas gan fy enaid yw canu esgeulus.

*Yr Awen:* Gwnaf fy ngorau glas i dy blesio; a gwaith digon anhawdd fydd hynny, oblegid gwell gennyt feio na chanmol bob amser.

### Hywel a Gwenno
(Tôn: *Y Gwenith Gwyn*)

Mi welais fachgen ieuanc llon
    Ar finion afon Elwy,
Yng nghwr y llwyn yn eilio cân,
    A'r adar mân yn synnu:
Ac ebai'r bachgen wrtho'i hun,
    "Pa le mae'r fun a garaf?
Y fun a gerais drwy yr haf,
    A garaf drwy y gaeaf."

Mae cariad wedi taflu rhwyd
    O sidan am fy nwyfron;
Perswynol rwyd o wead serch
    Y ferch a bia 'nghalon;
Ac yn y rhwyd rwy'n byw a bod,
    Ni fynnwn fod ohoni;
Ac yn y rhwyd y gwnaf barhau,
    Nes gwnawn ein dau briodi."

A thra'r oedd Hywel wrth ei fodd,
    Yn adrodd ei ymsyniad,
Roedd geneth ieuanc yn y llwyn,
    Yn llawn o swyn a chariad,
Yn gwrando ar ei nwyfus gân,
    A'r adar mân yn llonydd;
Roedd rhywbeth yn y ganig lon
    Yn gwneud ei bron yn ddedwydd.

Fe gododd Hywel fwyn i fynd,
 A'i ffrind, y ci, i'w ganlyn,
Fe welodd wyneb Gweno ddel
 Yn gwrido fel y rhosyn—
Ymhen tair wythnos wedi hyn,
 A mi yn syn-fyfyrio,
Roedd gŵr a gwraig yn rhodio'r llwyn,
 Sef Hywel fwyn a Gweno.

O bobol! Dacw Tomos Hughes o'r *Harp*, a Ffan yr âst, yn hel y moch o weirglodd y Felin; a dacw Wil Jones y Tailiwr yn ymyl llidiart Bodchwil, ar ei daith i'r Tŷ Canol.

*Tal:* Myn cebyst! Y mae yn dda iddo fo nad ydi o ddim yn mynd at Bont yr Aled. Pe bai i ysbrydion Nant y Chwil gael gafael yn ei grwppar o, ni fydda byth sôn amdano mwyach.

*Yr Awen:* Edrych, Tal, dacw rywun ar Fynydd Moelfre. Ai tybed mai yr Eryr sydd acw?

*Tal:* Na, na; y mae yr Eryr allan o'n golwg yn y Bettws; ond os ydyw allan o olwg, nid yw allan o feddwl; oblegid cywir, serchlon, a gwladgarol yw yr Eryr bob amser.

# Yr Wythfed Ganto

Dydd da, fy Awen dlosfain. Er fod yr hin yn hafaidd a thesog, y mae awelon iachus hyfryd yn ein cofleidio ar gopa'r mynydd, ac y mae pelydrau pereiddlon yr haul melyn mawr yn bywiogi holl anian.

Gan ein bod wedi addo cyfansoddi amryw ganeuon i'r Pencerdd dawnus a dysgedig, Mr. John Thomas, *Professor of Music, Royal Academy*, Llundain, beth pe bydda' inni ymaflyd yn ein gorchwyl gyda sêl. Nid amhriodol, efallai, fyddai inni roi tipyn o eglurhad ar y pwnc. Y mae'r hen donau Cymreig wedi cael eu cyhoeddi amryw weithiau gyda geiriau Saesneg. Cyhoeddwyd hwynt gan Mr. George Thomson, Edinburgh, yr hwn a gyhoeddodd ganeuon yr athrylithfawr Fardd Albanaidd, Burns, ynglŷn â miwsig, pan oedd y Bardd yn fyw ac yn iach, yn hoenus, grymus, a nwyfus. Ond ofer disgwyl i Ysgotyn deimlo eiddigedd dros ysbryd cenedlaethol tonau dieithr iddo, a'r canlyniad a fu, iddo (fo a'i feirdd) aberthu'r mesurau i ffitio'r cerddi, ac nid oes odid un ohonynt heb feiau anafus yn erbyn ysbryd y dôn, mesur, acen, a phwyslais.

Wedi hyn daeth Mr. John Parry, Bardd Alaw, ac nid oedd yntau yn ddigon gwyliadwrus a gofalus bob amser.

Cyfansoddodd y Farddones addfwyn, swynol, ac angylaidd, Mrs. Hemans, amryw gerddi melys-bêr a godidog iddo, ond y mae hithau wedi syrthio i'r amryfusedd o dor-mesur unwaith neu ddwy o leiaf. Amcan y Pencerdd Thomas yw cyhoeddi llyfr o'r tonau yn eu symledd cyntefig. Y mae wedi gosod siars fawr arnom i gadw yr hen donau yn eu perffeithrwydd. Y mae ganddo hefyd feddylrith rhagorol mewn perthynas â'r gwaith: hynny yw, *enw'r dôn fydd testun y gerdd*. Y mae hyn yn newyddbeth, ac yn haeddu pob canmoliaeth, oblegid ceir yn fynych gerddi lleddf, llon, prudd, neu afieithus ar yr un dôn, a phrin y rhaid dweud fod amhriodoldeb yn hyn. Cofia hyn yn anad dim, dyletswydd arnom i gadw ysbryd y dôn mewn golwg bob amser. Yr oeddem ni, druain, wedi tybio mai llonder oedd teithi "Llwyn Onn;" ond yn ôl ei ddull ef o chwarae'r dôn ar y delyn, a'i chanu â'i lais, yn dyner ac yn araf, *pathetic* ydyw. A chan ei fod yn Alawydd o enwogrwydd, rhaid i ni dderbyn y ddeddf o'i ddwylo ef. Gellir dweud ei fod wedi cael ei blesio hyd yn hyn gyda'r caneuon o'r eiddom, sef *Codiad yr Hedydd*, *Morfa Rhuddlan*, a *Rhyfelgyrch Gwŷr Harlech*. Rŵan, awn ymlaen yn ein gwasanaeth, a chan fod *Glan Meddwdod Mwyn* yn fath *national air* gan y Cymry nawr, er gwaethaf hymbygiadau yr oes, dymunwn iti dreio dy law arni hi yn gyntaf. Ond cofia mai nid *Bacchanalian* a fyn ef, oblegid y mae yn disgwyl y bydd ei lyfr ar fyrddau *drawing rooms* goreuon ein gwlad yng Nghymru, Lloegr, a Llanrwst. Ar yr un pryd, y mae yn disgwyl tipyn o loniant *Glân Meddwdod Mwyn* yn y gân rywsut neu gilydd.

*Yr Awen:* Bobol anwyl, Tal bach, yr wyt wedi gwneud i mi golli fy ngwynt gyda'r holl delerau yna, ond ni wiw grwgnach, ac nid oes dim amdani hi ond i mi dreio gwneud fy ngorau.

## Anwylaf Hen Walia

(Tôn: *Glân Meddwdod Mwyn*.)

Ein gwydrau gorlenwn, mwyn yfwn mewn hedd
O gwrw a gwirod, gwin, neithdar, a medd,
Nes bo ein calonnau, dan effaith y swyn,
Yn wresog gan gariad a "glân meddwdod mwyn":
Anwylaf hen Walia, mwyn noddfa i ni,
Yw ceinwlad y dewrion hen Frython o fri;
Byth bythoedd yn ddedwydd a hylwydd bo hi.

Ceir iechyd i'r galon, a cheinion a chân,
Wrth rodio' i dyffrynnoedd a'i glynnoedd mwyn
    glân;
Pêr flodau awenydd ar gynnydd a gawn,
A diliau y delyn yn dilyn ei dawn:
Anwylaf hen Walia, mwyn noddfa i ni,
Yw ceinwlad y dewrion hen Frython o fri;
Byth bythoedd yn ddedwydd a hylwydd bo hi.

Boed coron ddisgleirbur doeth arwyr ei thir,
Yn gymhleth o rinwedd, gwladgaredd, a gwir;
Ei phlant yn byw'n hwylus a hoenus o hyd,
A'r nefoedd yn gwenu ar Gymru i gyd;
Anwylaf hen Walia, mwyn noddfa i ni,
Yw ceinwlad y dewrion hen Frython o fri;
Byth bythoedd yn ddedwydd a hylwydd bo hi.

*Maintenant, Monsieur Tal, c'est à vous.* Dewis dy destun, a gyrr y'mlaen, fel tafod Betti'r Bot'raig.

*Tal:* Yr wyf yn synnu fod boneddiges loyw-lân fel tydi yn arfer y fath eiriau, ac yn enwedig i dy feistr. *Mais n'importe, allons, marchons.*

## Merch Megan

Ysblennydd yw'r haul wrth euro y wawrddydd,
    A glandeg yw gwlith ar feillion a rhos;
Tryloyw yw rhith y lloer mewn afonydd,
    A disglair yw'r sêr yn nyfnder y nos;
Disglair-fwyn yw'r hafddydd, ei geinion yn
    burlan,
    A disglair yw llewyrch yr awyr a'r lli;
Disgleiriach i'm serch yw Elsbeth merch Megan;
    Anwylach ei phryd na 'mywyd i mi.

Mae Elsbeth yn lân, a'i gwên fel yr heulwen,
   Ei chalon yn bur, a dedwydd ei bron;
Mae miwsig ei llais yn fywyd i f'awen,
   Mae cariad yn byw'n ei llygaid glas llon:
Mae mwynder a rhinwedd yn puro ei dwyfron,
   A glendid a gwylder yn gloywi ei phryd;
Mi garaf ei llun tra cura fy nghalon,
   Mi garaf fy mun tra b'wyf yn y byd.

*Yr Awen:* A dweud y gwir, yr wyf fi o'r farn fod mwy o ben nag o galon yn y gân yna; a thi a wyddost, neu dylit wybod, y dylai fod mwy o galon nag o ben mewn cân serch. Pe buaswn i yn ddyn, yr wyf yn meddwl y buaswn yn canu yn well i fy nghariad na hynna.

*Tal:* Wel, f'anwylyd, pe buasit ti *yn ddyn*, gad inni glywed sut y buasit ti yn canu i dy gariad.

*Yr Awen:* Fel hyn, mewn breuddwyd:

# Ar Hyd y Nos

Yn fy nghwsg fy hoff ddymuniad,
    Ar hyd y nos,
Yw breuddwydio am fy nghariad,
    Ar hyd y nos;
Gweled angel yn ei gwylio,
Diniweidrwydd yn ei hulio,
A gwyleidd-dra i'w bendithio,
    Ar hyd y nos.

Gweled gwên yn llawn anwyldeb,
    Ar hyd y nos,
Yn tywynnu yn ei hwyneb,
    Ar hyd y nos;
Gwên o gariad pur yn gloywi,
Gwên yn cynnig calon imi;
Minnau'n methu cyrraedd ati,
    Ar hyd y nos.

*Tal:* Wel, myn cebyst, nid wyt tithau yn fawr well na finnau. Yr wyt yn *missio* cyrraedd y marc ar ôl y cwbl. Ond nid wiw inni ymdroi, a rhaid gyrru ymlaen.

# Llwyn Onn

Yn rhodio yr ydwyf, yn isel fy nghalon,
  Hyd laswellt a mwsog cysgodion Llwyn Onn;
Er trydar mân adar, a miwsig awelon,
  Mae gofid a thristyd yn llethu fy mron:
Fan yma mi welais y feinwen anwylaf,
  A phlethiad o flodau'n coroni ei phen
Ymhlith y briallu hi rodiai yn araf –
  Meddyliais mai duwies a welais is nen.

Mae'r haul eto'n gwenu ar dlysni y tewlwyn,
  A'r awel yn chwarae ar delyn y dail;
Mae'r adar yn trydar i lonni y gwyrddlwyn,
  A minnau mewn breuddwyd, heb sylwedd na sail,
Yn gofyn i'r blodau, y coed, a'r awelon,
  Yn isel, ac ofnus, ac ysig fy mron,
"Pa le mae y feinwen a swynodd fy nghalon?"
  Mae'n huno yn dawel ym mynwent Llwyn Onn.

*Yr Awen:* Y mae y gân olaf yn gwneud imi deimlo'n brudd-glwyfus, a dymunwn arllwys fy nheimladau i'r hen dôn leddf a phenigamp:

# Dafydd y Garreg Wen

Gwael a gwan ydwyf, yr awel a drodd,
Nwyfiant ehedodd, ac iechyd a ffodd;
Diwres fy awen, diffoddwyd ei thân,
Henaint a'm lluddiodd, a gwywodd y gân.

Ffarwel i 'mywyd, fu'n freuddwyd o fri,
Ffarwel fy nhelyn, fy eilun wyt ti;
Llawen a fuost mewn neithior a gwledd –
Mud fydd dy dannau pan elwyf i'r bedd.

Moeswch y Delyn am unwaith i mi,
Dyma'r dôn olaf a ganaf i chwi;
Pan yn fy amdo yn huno mewn hedd,
Fy awen a chwery y dôn ar fy medd.

*Tal:* Tybiwyf fod tipyn o aneglurder yn y llinell olaf. Pa beth yw dy feddwl?

*Yr Awen:* Ti a wyddost fod y llinell fel hyn ar y cyntaf: "Angel a chwery y dôn ar fy medd." A thydi, O gritic ysgwyddbraff llygadgraff, a'm hanogodd i droi y gair angel yn awen, gan ddweud anaml iawn y ceir angel yn canu ar fedd Bardd. Ond pan ddigwyddai i ryw Delynwr, yn ôl ewyllys yr hen fardd, chwarae y dôn ar y Delyn, byddai awen y Bardd yn chwarae yn y dôn, pa un ai ar ei fedd, mewn parlwr purlan, neu ar Ben Bodran.

*Tal:* Wel, bid siŵr, dyna reswm, ond mi ddaliaf am goron, fy mechan i, pan fydd eisiau ymresymu ynghylch cân, na fydd y gân ddim yn werth cloncwy. Ffolineb yw treio bod yn grand mewn cerdd. Ni ddylai cerdd fod yn uwch nac yn is na chalon y genedl, neu byddir yn *missio'r* marc. Dylai cerdd fynd yn unionsyth i galon y bobl, a gwreiddio yno er eu gwaethaf yn eu gên. *Adieu, ma cherie, au revoir.*

# Y Nawfed Ganto

## Awdl Hen Ffaswin
*(neu Ffasiwn Newydd, yr un a fynnoch,
ac ar y testun a fynnoch)*

*Tribannau ar y Gyhydedd Lefn*

Cysur bywyd, hyfryd hin
Hafaidd ym mis Mehefin –
Melys tafarn – cadarn gwin.

Ai nid dymuniad mono?
Absen a chenfigen fo
Yn boendrist dan y bendro.

Moliennir y melyn-aur,
Llwmwalch yw y balch heb aur;
Ei orauddyw yw rhuddaur.

Gwelw yw gwyneb gwylydd,
Di-rëol yw y ffôl di-ffydd;
Cebyst y bo y cybydd.

Gofid yw cwrlid cerlyn,
Byth ni wna dda i ddyn:
Annedwydd yw'r anhydyn.

Cenau di-hedd yw meddwyn;
A feio fardd hardd am hyn,
Anghlod a ga' mewn englyn.

Eonfryd ni fyn anfri –
Gwawdiwr lles aiff gyda'r lli,
Dyledwr i dylodi.

Tydi, ddigraff wastraffwr,
Erglyw, ni ry' unrhyw ŵr
Ei fara i oferwr.


Un bawlyd yw y bwliwr,
Dyn di-dda sy gasa' gŵr,
A ffrowyllt yw pob ffreuwr.


Cas yw truth ffolsyth ffalsiwr –
Mellten lefn drwy gefn y gŵr,
A thrydan drwy'r athrodwr.


Anunion enau anwir,
A sarrug wên gasa'r gwir –
Gorau gwir y gwir a gerir.


Cofiant a ga' y cyfiawn
Yn ein mysg; a dysg a dawn
A rannir i ŵr uniawn.


Gwaeth nag alaeth na gelyn
Yw celwydd miniog golyn –
Dwys ludded yw tynged dyn.


Ystyfnig yw eiddigedd,
A chur o hyd na châr hedd;
Dirglwyf a frath fel dur-gledd.


Addien yw pob dedwyddyd,
Calon lân yn ddiddan ddyd
I wenferch felys wynfyd.


Cofiwch ar ôl y cyfan,
Mwyna' wledd yw menyw lân,
A chysur yw ei chusan.

*Yr Awen:*

*Gorchannau Chwe' Ban ar y Gyhydedd Laes.*

Canlynodd cenfigen yr awen erioed,
Ei chanlyn wna rŵan, wrach druan, ar droed;
Ei chanlyn wna eto, a seinio ei sen,
Nes byddo holl luoedd y bydoedd ar ben;
Er gwaethaf cenfigen mae'r awen mor rydd,
Po mwyaf yr enllib disgleiriaf y bydd.

Os anian a chwery yng nghalon y bardd,
Ac ysbryd gwirionedd o'i duedd a dardd,
A glewder disgrifiad o deimlad y dyn,
Ynglŷn ag anrhydedd, heb gamwedd na gwŷn;
Caiff glod yn ei amser, a mwynder, a mun,
Fe'i perchir gan eraill os parcha ei hun.


*Tal:*

*Gorchannau Tri Thrawiad.*

Pan oeddwn yn blentyn, heb ofal na gelyn,
Yn chwarae'n y dyffryn fel telyn mewn tiwn;
Pob teimlad mewn purdeb yn rhoi i fy wyneb
Anwyldeb pur rwydd-deb pereidd-diwn.

'Rôl hynny mi dyfais, a mynych drafaeliais,
A dysgais a chwiliais am fantais i fyw;
Cymysgedd o bethau yw'r byd ar ei orau –
Gwenithau ac efrau di-gyfryw.

Ond wele fi rŵan yn fedrus ar Fodran,
Yn boddio fy anian â lolian di-les;
Darsyllaf a gwelaf y dyffryn bach tlysaf,
Anwylaf a mwynaf i'm mynwes.

Mor deg yw y caeau, y bronnydd a'r bryniau,
A'r hyfryd wrthrychau ugeiniau a gaf;
Yr afon olau-lwys sy'n teithio'n ddiorffwys,
A'r Eglwys yn wiwlwys a welaf.

A dacw'r hen Ywen a ddringais yn fachgen,
Heb feddwl am awen, yn llawen fy lle;
Yn canu fel 'deryn 'rôl cyrraedd ei brigyn,
A disgyn o'i chorun i chware.

*Yr Awen:* Dyna ddigon, y Barfog. Yr wyt ti yn canu fel Crëyr glas wedi crygu. Y fi rŵan – gwrando.

*Traethawdl ar y Gyhydedd Hir*

Mae haul ar yr oror, mi wela'r Eryri,
A llengau mir heulwen, a llongau môr heli,
Ail godant hwyl gudeg – a glwysdeg yw glasdon,
Da heddiw a diddig yw gwynfrig ei gwenfron;
Y gwlanog gymylau a'u gleiniog wamal-wedd
Yn urddo y gwagle gan harddu y gogledd,
A dwyael aur deuant yn dawel o'r dëau,
A gwobrant gu wybren yn llawen â'u lliwiau;
Cymylau melynfin y 'llewin yn lluoedd
Yn hoyw iawn nofiant at huan y nefoedd:
Hyfrydlon i ddynion yw hinon a heiniar,
A brwyn ar y dolydd a brain ar y dalar.

Tal: Na bo'nd i'w grybwyll, dyna *anti climax* gogoneddus.

*Gorchan ar y Gyhydedd Hir, i Guto o Lŷn*

Boed nerth iti, Guto, i bwyo mân biwiaid,
A dynion i'th frolio am bigo hymbygiaid,
A gwŷnaeth i ganu i ddyblu y ddwyblaid,
Hoen radau anrhydedd fo'n d'agwedd fendigaid,
I fwrw oferedd anwiredd anwariaid,
I ochel anwychedd a ffoledd hen ffyliaid –
Y cudeg sy'n cadw o dwrw y diriaid
A'u gwachul *wit*-eiriau – O! Gochel watwariaid:
Trybaedda wan dalent tra byddi yn delaid,
A doi o'r anialwch i dŷ yr anwyliaid:
Boed iechyd i'th galon, a choron wych euraid,
A nwyfedd i'th einioes, a nefoedd i'th enaid.

*Ban Cyrch ar y Gyhydedd Hir, i'r Ddraig Werdd.*

Y Ddraig, O anwyledd, dy ddrygau ni welais,
Dy rinwedd a gerais, a mynnais ymuno
Â thi mewn cyfeillach, yn burach ein bwriad
Na dynion di-gariad, a'n galwad i'n gwylio;
Cyfarfod dan gronglwyd, heb ddreignwyd, heb ddryg;
Yr ym yn ein hachaws yn hynaws iawn heno;
Yn byw yn ddiduedd, a doethwedd gymdeithion,
Heb deithi anghyfion y galon a gelo;
A mynnwn o gwrw i'n llanw ein llonaid,
Er gwaethaf dihiriaid a bawiaid sy'n beio;
Barddonwn, siaradwn, mwyn yfwn mewn afiaith,
A thafod ëondraeth; a thyfed y dwndro:
Ni gurwn bob corrach yn sitrach a siwtrws,
A chanwn ogleisglws da gorws di-guro.

*Yr Awen:* Mi wn y bydd Guto, y Ddraig, a thithau, yn ymlonni ac yn dadlau ddwywaith neu dair bob wythnos; ac yr ydwyf wedi sylwi gyda syndod ar y gymysgedd o ddoethineb a lol botas a geir yn ymgom y beirdd. Wele linell mewn munud yn well na dy holl linellau di:

Duw gato enaid Guto annwyl.

*Tal:* 'Mechan i, treia dy law ar ganig i lyfr Mr. John Thomas, y Telynor.
*Yr Awen:* Gwelli i mi ddewis yr hen dôn Gymreig –

## Y Bardd yn ei Awen

Di fraw y daw y dydd,
Pan fydd cenhedloedd byd yn rhydd,
   Yn ddedwydd ac yn dda:
Cloir cledd; a *Hedd* o hyd,
A gwynfyd cariad yn ei bryd,
   Yn bur o hyd barha';
Tyrr holl gadwynau dur,
   Sy'n llyffetheirio dynolryw,
A'r byd a dry i drefn,
Fel llong yn nofio afon lefn,
   A *Rhyddid* wrth y llyw.

Daw *Iawn* â'i gyfiawn gad,
I ymlid llid a brad o'r wlad –
   Ni ad un gelyn gwael:
Ceir lles a geiriau llon,
A brawd wrth frawd yn frawd o fron,
   A chalon hylon hael:
Beirdd heirdd a wiriant hawl
   I daenu mawl o dannau mân –
Draw, draw a rhyfel drud –
Pur dduwies Rhyddid lân ei phryd
   Dry'r byd i gyd yn gân.

Wrth sôn am Feirdd, Tal, yr wyf fi o'r farn mai Goronwy Owen oedd pencampwr Beirdd Cymru, o'r pryd y berwodd Ceridwen ei phair y tro cyntaf, hyd y munud yma. O, na fedrem ganu fel Goronwy! Y mae ef yn swynol a mawreddus bob amser.

*Tal:* Yr wyt ti yn llygad dy le, fy ngeneth i; ac heblaw hynny, y mae ei ryddiaith yn llawn mor swynol â'i farddoniaeth. Wyst ti be' a'm difyrrodd fwyaf o unpeth ers plwc o amser?

*Yr Awen:* Na wn i.

*Tal:* Y disgrifiad o'r ymaflyd codwm breichiau rhwng Dewi Wyn o Eifion ac Eben Fardd, yn y *Brython* am fis Mai. Fyth o'r fan yma, ebe fi, dyna bictiwr a bery byth. Gweled y ddau Brif-fardd yn ymdynnu yn y dorch, fel Tom Sayers a Heenan. Dengys hyn mai plant mewn teimlad ydyw gwir-feirdd ar hyd eu hoes. Nefoedd i enaid Dewi, a bendith ar ben Eben.

*Yr Awen:* Tal, gwneist i mi wrido y dydd o'r blaen. Gwelais di yn yfed efo Tom Sayers yn y *Mother Redcap*, Camden Town, ac yr oeddit yn ymfalchïo yn ei gyfeillach cyn gymaint â phe buasit yng nghwmni Jupiter neu Frenin y Canibalyddion.

*Tal:* Digon gwir. Dengys hyn ar ôl y cwbl fod rhywbeth yng ngwraidd calon pob dyn yn dweud gyda'r *Yankee*, "Cotton ain't King – Nigger ain't King – Muscle is King." Ond tawn a sôn, "gwagedd yw'r cwbl."

"Unig," "unig," "unig," yw iaith fy nghalon brudd,
Cwyno yn lle canu yw 'ngorchwyl nos a dydd;
Diog yw fy Awen, anghyson yw fy ngherdd,
Ysig yw fy nwyfron wrth rodio'r ddaear werdd.

Nwyfus pan yn ifanc, trallodus wyf yn hen,
Ni cheir ar fy wyneb ond dynwarediad gwên;
Crychni ar fy nhalcen, a chrychni yn fy ngrudd:
Y foch fu fel y rhosyn sy' nawr yn llwyd a phrudd.

Ni chaf eto brancio, neu ddawnsio ar y ddôl
Oriau melys nwyfiant ni ddeuant byth yn ôl:
Gofid, gofid, gofid, a galar gaf o hyd –
Gwagedd yw y cwbl – oferedd yw y byd.

*Yr Awen:* Ow, Tal, ow! Yr wyt yn edrych mor bruddglwyfus a thrymblüog â hen geiliog mewn cawod o law. Cwyd dy ben a dy galon, a bydd ddyn.

*Tal:* Rhy anhawdd, 'mechan i, rhy anhawdd i mi hynny.

# Y Degfed Ganto, sef Canto'r Ddraenen

Wel, y lânbryd, berl-ddaint, wefus-rudd; wyt ti yn cofio fel yr oeddem ein dau yn rhodio yn *Regent's Park*, ddiwedd mis Mai, ac yn dotio ar y Drain mawrion, yn eu llawn flodau. Dyna eithaf testun cerdd i ti, os yw "Dy galon di mewn hwyl / Fel telyn Dafydd ar yr wyl."

*Yr Awen:* Ni ddymunwn ei well.

*Tal:*

Yn niwedd Mai gwyrdd-ddeiliog, a mi yn rhodio'n syn,
Hyd laswellt Parc hyfrydlon, ar fin tryloyw lyn,
Mi welais Ddraenen îrdwf, a myrdd o flodau glân,
Fel cawod o blu eira ymhlith y deilos mân.

Mi sefais yn fyfyrgar i syllu ar ei gwedd,
Gan ddweud, O! Dyma goron o harddwch ac o hedd,
Mae'r gwyrdd yn ieuanc-iraidd, a'r gwyn yn dlws a glân,
Pob brigyn a phob blodyn yn hudol destun cân.

Hyfrydedd perarogledd a roddwyd iddi hi,
Ei hwyneb adlewyrchir yn llawen gan y lli';
A thra rwy'n gweld y sylwedd a'r cysgod bob yn ail,
Awelon pêr chwaraeant a dawnsiant efo'r dail.

Mae anian yn ei haeledd yn gwisgo'r ddraenen wen;
Fe'i hoffir gan y ddaear, fe'i cerir gan y nen:
Ond byr yw ei gogoniant – cyn pen y mis hi fydd
Heb flodyn ar ei brigyn i wenu ar y dydd.

Pan ddaw y gaeaf gerwin i rodio'r ddaear laith,
A'i anadl fe wywa bob deilen ar ei daith,
A'u chwalu yn wastraffus hyd wyneb daear lawr;
Anhygar fydd y Ddraenen, a noethlwm fydd ei gwawr.

Pryd hynny gwelir pigau na welwyd hwynt cyn hyn,
Pan oedd y Ddraenen hawddgar mewn gwisg o wyrdd
 a gwyn;
Ond pigyn ar bob brigyn o'i chorun geir yn awr,
Heb ddeilen werdd i'w guddio, na blodyn pêr ei sawr.

*Yr Awen:* A oes *moral* i hyn oll?
*Tal:* Ni wn i. Ond efallai y ceir un wrth ddyfal chwilio.

Ti lencyn ieuanc nwyfus, sy'n hoffi cân y bardd,
A'r ehediadau bywiog yn chwim o'i galon dardd,
Wrth edrych ar y Ddraenen yn ei gogoniant gwiw,
Gan garu pur deleidion ei gwedd, ei llun, a'i lliw;

Ystyria pan yn ieuanc, a gweisgi ar dy droed,
Fod bywyd fel y Ddraenen, pan f'om yn ugain oed:
Y gwyrddion ddail yn îrdwf, a'r blodau'n gannaid
 iawn,
A hafaidd yw pob teimlad a dardd o'r galon lawn.

Pryd hynny byddi'n syllu ar lendid swynol merch,
Yn ofni a dymuno – yn gryf, a chlaf o serch –
Yn dotio ar y rhosyn sy'n addurn ar ei grudd,
Heb weled yn dy nwyfiant y pigyn sydd ynghudd.

Ond blodau weli beunydd yn amgylchynu Gwen,
A blodau milwaith harddach na blodau'r Ddraenen
 wen;
Ac anhawdd iawn yw credu fod pigau yn eu plith,
Nac yn y llygaid gloywon ddisgleiriant fel y gwlith.

Addola, fachgen annwyl, addola'th eneth wiw,
Na hidia am y pigau, addola'i llun a'i lliw;
Tra byddoch yn eich blodau, yn llawn o swynion serch,
Addoliant a fydd pleser a mwynder mab a merch.

Ar ôl yr holl fwyneiddiant, daw henaint ar ei hynt,
Gan chwalu'r blodau tlysion yn gawod gyda'r gwynt;
Pryd hynny daw y pigau i boeni ddydd a nos –
Hen wrachen wedi crychu fydd morwyn ieuanc dlos.

Y fun fu gynt yn heini, fel ewig yn y coed,
Sy'n awr yn hen a musgrell, a thrwsgl ar ei throed,
Yn nychu mewn afiechyd, a'i heinioes yn ddi-hoen;
Anhyfryd yw ei bywyd, a'i byd sy'n llawn o boen.

Bu unwaith yn ei blodau, mor hardd â'r Ddraenen wen,
Mae'n awr fel Draenen gaeaf â phigau yn ei phen:
Awelon serch ni ddeuant i chwarae yn ei gwedd,
Ond gwywo wna, a chrino, nes elo i ddu fedd.

Ac felly'r holl bleserau a geir o dan y nen,
Ail ydynt yn eu blodau i frig y Ddraenen wen;
Does odid bleser perffaith i'r cryf, y call, a'r ffôl,
Na hedy, 'r ôl ymadael, ryw bigyn ar ei ôl.

Pan fyddir yn ymlonni yng nghwmni difyr dawn,
A chwrw a gwin yn gwenu, a lliwio gwydrau llawn,
Yn aberth i fodlondeb – ffraethineb ddyd ei thân,
I ennyn chwerthin ynfyd er gwynfyd gwŷr y gân.

Bydd afiaith yn blodeuo, gan hwylio helynt tost,
Yn canu, dwndro, rafio, heb hidio am y gost;
Y galon mewn gogoniant, a'r tafod llym mewn hwyl –
Gallasech dybio, weithiau, fod dieifl yn cadw gwyl.

A gelwir hyn yn bleser, gan ofer ofer wŷr;
Ond drannoeth daw y pigau, fel ysbardunau dur,
A dygn y trywanant tu fewn i'r fron a'r pen –
Anhygar fydd y ddaear – cymylog fydd y nen.

Anhygar a fydd popeth – anfelys fydd y tŷ,
A'r meddwl yn trybaeddu yn drist mewn cwmwl du:
Y galon a fu neithiwr yn gawres ddewr a llon,
Sydd heddiw'n llwfr ac isel, yn crynu yn y fron.

Blodeuo a wna afiaith am ennyd fach yn siŵr,
Gan gynnig gau gysuron i ddenu calon gŵr;
Ond gwywa yn ddisymwth, gan adael poced lom,
A phigau y gydwybod i gripio'r galon drom.

Rhyw benbleth o drafferthion yw ein bywyd i ni oll,
Ac ar y siwrne ddyrys rhaid inni dalu'r doll,
A theimlo trymder calon tra byddom yn y byd –
Y blodau sydd am ennyd – y pigau sydd o hyd.

Wyst ti be', fy ngeneth i, ffolineb o'r mwyaf yw barddoni. Y mae arnaf flys rhoi fy ffidil yn y to, a throi yn gybydd. Aur ydyw'r unig beth nad ydym byth yn blino arno fo. Aur sydd yn rheoli'r byd, ac fe bryn bopeth a ddymuna'r galon. Fe gaiff y drygionus ariannog barch, ond ni chaiff y tlawd rhinweddol ond dirmyg. Nid yw holl farddoniaeth y byd ond chwarae plant yn y pistyll, mewn cymhariaeth â llywodraeth y duw mawr Mamon. Addolir ef gan y lleyg a'r llên, gan wreng a bonheddig. Y fo a bia galonnau yr holl genhedloedd. Ni yw clod ddim i'w gymharu â golud, mwy nag ydyw cecsan grin i winwydden ffrwythlon, neu bridd y wadd i Foel yr Wyddfa. Y cyfaill serchocaf a gafodd dyn erioed yw poced lawn. Y mae poced wag yn ffieiddbeth yn ffroenau y bobloedd, a gwarchod pawb rhag yr ysgymunbeth. Am hynny, y mae arnaf flys ofnadwy cael llythyr ysgar oddi wrthyt, a throi yn gerlyn crintachlyd.

*Yr Awen:* Rhag cywilydd, Tal, rhag cywilydd. Wele fi wedi dy wasanaethu yn ffyddlon ers amryw flynyddoedd, ac yn barod bob amser i wneud yr hyn a ddymunai dy galon gyda sêl. Wele dithau yn fy sarhau yn y dull mwyaf di-drugaredd, fel pe bawn yn herlodes ddideimlad ddirinwedd yn y stryd, "a chanddi dalcen putteinwraig, o herwydd na fedr gywilyddio." Ond rhy anhawdd gennyf gredu dy fod o ddifri. Cyfoeth a golud, yn wir! Pa le y mae y miloedd a bentyrasant aur ac arian iddynt eu hunain? Yn pydru yn y bedd, heb air o sôn amdanynt. Pa beth a feddylir o'r miloedd sy mor gyfoethog a Deifas y munud yma? Nid oes prin sôn amdanynt ugain milltir o fwg eu twll. Na, na, y mae yr hen ddihareb yn llygad ei lle,

"Hwy pery clod na golud."

Ac yr wyt ti dy hun wedi cael mwy na dy siâr o glod dy gydwladwyr. Nid oes fymryn o amheuaeth gennyf nad ydyw dy enw yn amlach ar dafodau dy gyfoedion yn y De a'r Gogledd nag enw yr un Seneddwr sydd yn perthyn i Gymru benbaladr. I bwy y mae'r diolch? I mi. Os digwydd i ddieithriaid a phererinion ddyfod i ben y mynydd yma ymhen can' mlynedd, a dweud, "Dyma lle bu Tal a'r Awen yn yr hen amser gynt, yn ymlonni ac yn ymbruddhau – yn ymddoethi ac yn ymffolinebu – weithiau yn gall, ac weithiau yn anghall – weithiau yn gas, ac weithiau yn serchlon – weithiau yn gecrus, ac weithiau yn addfwyn – weithiau yn ddwl, ac weithiau yn ddisglair" – I bwy bydd y diolch? I mi. A thithau, efallai y bydd dy lwch yn llechu ymhell

"O'r dyffryn clyd lle'm ganwyd i."

Pa les y pryd hynny, pa un ai fuost farw mewn palas, yn werth can' mil o bunnau, ai mewn *workhouse*, heb yr un geiniog? Na, na, na, ni fynnaf ysgariad oddi wrthyt. Yr ydym wedi byw gyda'n gilydd yn rhy hir, ac amhosibl i ni fyw ar wahân. Ac heblaw hynny, yr wyf am dreio argraffu dy enw ar ddalen hanesyddiaeth ein gwlad, yn y fath fodd, na all cenfigen, malais, bwriad drwg, na phob anghariadoldeb byth ei ysgwrio fo allan. *Over the left, soft soap, bosh!*

*Tal:* Hudoles fy enaid, maddau i mi. Y mae chwaeth a serch yn nefoleiddio dy ymresymiad. Ti a'm pia am byth. Dyro gusan.

# Yr Unfed Ganto ar Ddeg

## Salm i'r Haul

Henffych, odidog arglwydd y gwawl: y gogoneddusaf o greadau yr Hollalluog Dduw.

Tydi yw tad y gwres a'r goleuni: unig a mawreddus ydwyt yn dy gain ogoniant.

Canolbwynt bydoedd dirifedi: y planedau a'r sêr a'th amgylchynant, ac a'th hoffant o hirbell.

Nid yw gogoniant y sêr ond adlewyrchiad o danbeidrwydd dy wawl: dwl ac anweledig a fuasent hebot ti.

Holl luoedd y nefoedd a garant dy wên; a datganant dy fawl yn yr ehangder diderfyn.

Y ddaear, a'i llawforwyn y lloer, a ymfalchïant ynot: tydi a'u gwisgaist hwynt ag ardderchogrwydd.

Dy wawl a ddisgleiria ar risial-rew y gogleddbwynt; a'i wrthdoriad a ffurfia y goleuni gogleddol.

Dy belydrau bywiog-lon a dreiddiant fru y ddaear; yr hon a feichioga yn y gwanwyn, a gynydda yn yr haf, ac a esgor yn y cynhaeaf, ar ydau a ffrwythau yn lluniaeth i ddyn.

Tydi yw tad y glaswellt, y blodau, y brysgwydd, a'r tewlwyni; oblegid ni fuasai na blodyn, glaswelltyn, deilen, na choeden hebot ti.

Gwag, di-lun, ac anferth fuasai yr holl ddaear, heb un creadur byw i urddo ei hwyneb.

Dynion, anifeiliaid, ymlusgiaid, ehediaid, ac ednogiaid a ymhyfrydant yn dy bêr oleuni; a'r holl ddaear a ymlawenycha yng ngwresogrwydd dy serch tuag ati.

Gwenaist arni yn y cread; gwenu yr wyt yn awr; a gwenu wnei beunydd a byth.

Pan fo fflamfellt yn gwibio o'r gwgus gymylau, a'r daran ddychrynfawr yn rhwygo'r awyrlen, ni'th frawychir di.

Pan fo'r dymestl yn croch-chwiban yn y llwyni, gan ysgythru coedydd mawrion, ac yn ewynnu a chynddeiriogi yr eigion mawreddus ac ofnadwy, digynnwrf a thangnefeddus fyddi di.

Pan fo daeargryn yn siglo y ddaear at ei seiliau, er dychryn a thrallod i feibion dynion, ni'th syflir di o dy orsedd aur yn entrych y nef.

Coroni y mynyddoedd â cheinder, a'r dyffrynnoedd â hyfrydwch; a'th wres a wregysa y ddaear oddi amgylch ogylch.

Y môr mawr murmurog ymlonna wrth gusanu dy belydrau; a gwynfrig ei lasdon a chwardd yng ngogoniant dy wên.

Rheolwr yr hinsoddau, a Llywiawdwr y tymhorau; pa ryfedd i ddynion dy addoli: oblegid tydi wyt brif gynrychiolydd gogoniant dy Greawdwr.

Pan ddeui allan o ystafelloedd y wawr, bydd y dwyrain yn gwrido i dy lon-groesawu; a holl anian yn prysuro i dalu teyrnged i'w Theyrn.

Gwisgi y cymylau â ridens arian; a hwythau ymlawenychant ynot, ac a addurnant edyn y wawr.

Côr asgellog y llwyni gydleisiant i dy groesawu di: llafarsain a blasbêr eu cân yng ngwynfydrwydd eu nwyfiant.

Y blodau pêr-sawrus ymagorant i gofleidio dy belydrau, ac i dderbyn bywyd a bendith o dy wên.

Dy belydrau a leibiant y gwlith oddi ar y blodau a'r glaswellt; a'th wres a fywioga îrdwf gwyrddlas y ddaear.

Y tarth sydd yn hulio'r dyffrynnoedd, a'r niwl sy'n gordoi y ceunentydd, a giliant o dy wyddfod, ac a ddiflannant fel breuddwyd blingwsg.

Dy wres a gynydda ac a addfeda ymborth i ddyn, ac anifail, a phob creadur byw.

Dy belydrau a dreiddiant y grawnwin, o'r hwn y gwneir gwin i lawenychu calon dyn.

Ardderchocaf o weision Duw: y nefoedd a'r ddaear ymhyfrydant ynot.

Hebot ti, buasai tywyllwch yn gordoi y bydysawd; a'r ddaear yn weddw-amddifad o fywyd, harddwychedd, a godidowgrwydd.

Buasai niwl, tywyllwch, a distawrwydd yn teyrnasu; ac ni chlywsid cân nac addoliant mewn unman. Di-ymannerch, di-ymadferth, a di-fywyd fuasai popeth: arswydus yw meddwl am dy ddifodoliad di.

O! Ardderchocaf o weision Duw; can croeso i dy wyneb ysblennydd – enaid a bywyd y byd.

Cenhedloedd a ddeuant ac a ymadawant; ond tydi a weini i'r Arglwydd o genhedlaeth hyd genhedlaeth *byth*.

Ieuanc a godidog yn dy henaint; ni ddaw na methiantwch na musgrellni i luddio dy ogoneddusrawd yn entrych y nefoedd.

*Ar air*, yn y Greadigaeth, cyrhaeddaist dy lawndwf, dy ddisgleirdeb, a'th ogoniant; ac ni leiheir mo'nynt yn dragywydd.

Pan gyrhaeddi byrth y gorllewin, mil myrdd o gymylau rhuddwridog amdyrrant o'th amgylch i addoli dy wedd: harddach yw dy fachludiad na'th gyfodiad.

Pa liwydd all arlunio gogoniant dy fachludiad? Pa ddewin all ddisgrifio ysblander dy wên?

Diflin a di-orffwys yw dy daith: pan fyddom ni yn cysgu, byddi di yn tywynnu ar ein gwrth-ddaearolion, gan eu cynnysgaeddu â dyfal fendith dy wawl.

Hael a thrugarog ydwyt hefyd: oblegid yr wyt yn tywynnu ar y doeth a'r annoeth, y call a'r ffôl, y cyfiawn a'r anghyfiawn.

Ufuddaf a thecaf o weision Duw: Tydi wyt arwyddlun o'i fawredd, ei haelioni, ei drugaredd, a'i fendith.

Henffych ardderchog Naf y ffurfafen: mi a'th glodforaf tra byddaf byw.

Wel, f'anwylyd, treia dithau dy law ar ganig i lyfr Mr. John Thomas.

*Yr Awen:* Gan fy mod yn gwybod fod yr haul yn wrthrych addoliant gennyt, gwnaf fy ngorau i'w fawrygu a'i anrhydeddu.

## Codiad yr Haul

Haul gwych, enaid y gwawl,
Mil a myrdd a ganant dy fawl;
O'r dwyrain doi yn deyrn o fri,
A gwyllt a gwâr a'th garant di:
Cain Bôr! Plenyd a sêr,
Seirian lu, addefant eu Nêr;
Glyw glew, gloyw, a glân,
Môr a thir, yr awyr a thân;
Anian chwardd yng ngwên dy wawr-
Ysblennydd wyt, O! Nefol gawr.

Mawr Fod hynod o hardd,
Mae dy wên fel awen y Bardd,
Yn rhoi syniadau pêr i'r byd,
A gogoneddus yw dy bryd:
Llon wyt, Frenin y dydd,
Yn y nef yn rhodio yn rhydd,
Ar daith eang a maith,
Diflin a thragwyddol dy waith:
Anian chwardd yng ngwên dy wawr-
Ysblennydd wyt, O! Nefol gawr.

## Y Deuddegfed Ganto, sef Canto Afon Elwy

Pan oedd tew gaddug yn gorchuddio'r byd
    Anorffenedig, yn y greadigaeth,
Yn ôl ewyllys Duw y gwnest dy grud,
    Ac ar ei Air byrlymaist i fodolaeth;
A llifo wnest, a llifo wnei o hyd,
    Heb arwydd blinder, llesgedd, poen, nac alaeth:
Di-orffwys yw dy rediad tua'r môr,
Ac ar dy daith sisiali glod dy Iôr.

Am amser maith, anhygar oedd dy lethrau,
    Di-egin oedd y dolydd hyd dy lennydd;
Nes daeth y glaswellt, blodau, coed, a llysiau,
    I harddu wyneb anian yn y meysydd;
Gan amryliwio bronnydd, neint, a bryniau,
    A gwisgo'r ddaear gyda gwasgod newydd,
Yn lle'r hen hugan lwyd fu ganddi unwaith,
Pan oedd hi'n llom, amddifad, ac amherffaith.

Ac wedi hyn, canrifoedd ar ganrifoedd,
    Yn ddi-sôn a di-hanes aethant heibio;
A thithau'n wŷl yn gwenu ar y nefoedd,
    O lyn i ryd, o ryd i lyn, yn llifo;
A physg yn heigio yn dy ddisglair ddyfroedd,
    Heb neb i'w hela, herlid, na chythruddo;
Ond chwarau wnaent yn ôl eu greddf yn braf,
Gan sboncio yn y gwlych ar hirddydd haf.

Nid oedd ar hyd dy lennydd y pryd hwnnw
    Ond blaidd, a bwch, a llwynog, ffwlbart, bèla,
Y weinci, a'r 'sgyfarnog lefn ddi-dwrw;
    Heb sŵn bytheiad, cyrn, a gwŷr yn hela;
Na gwin, na medd, na *gin* a dŵr, na chwrw,
    Na miri mawr, na rafio yn y Gwylia';

Ond y gwylltfilod chwim ar fryn a phant,
Yn lladd y naill a'r llall yn ôl eu chwant.

Tri chant-ar-ddeg o flwyddi maith yn ôl,
   Pwy welaf gyntaf yn y dengar ddyffryn?
Mae'n rhodio'n araf yn y werddlas ddôl,
   Fel pe bai wedi cefnu ar ei elyn,
A gadael haid o hen Fynachod ffôl,
   Y rhai ni hoffent win a mêl ei delyn;
Y rhai a garent hen Fynachlog dwyll,
Yn fwy na'i gân, a nerth a grym ei bwyll.

Cweryla wnaeth y Prif-fardd â'r Mynachod,
   Yn Abad Dŷ Yngwestl ger Llangollen;
A'i ffon a'i 'sgrepan, teithio wnaeth o orfod,
   Neu'n hytrach wysg ei drwyn i blesio'r Awen;
A thaith go flin i gefn, a bol, ac aelod,
   Oedd dringo'n syth i gopa Bwlch Rhiw Felen,
A dilyn Nant y Garth i Ddyffryn Clwyd,
Gan gnoi ei gil ar chwerwder yn lle bwyd.

Ac heibio Dinbych ar ei lidiog hynt,
   Heb orffwys dim, na gwario aur nac arian;
Drwy Nant y Chwil y daeth yn fyr o wynt,
   A thoc cyrhaeddodd ysgwydd mynydd Bodran;
Ac yno (â'i farf yn troelli yn y gwynt)
   Fe gafodd olwg ar y Dyffryn gwiwlan;
A'i galon a ddychlamodd yn y fan,
A gweiddai, "Mi sylfaenaf yma Lan."

*Yr Awen:* Tal, y mae arnaf ofn dy fod yn ymdrin â'r testun gyda gormod o ysgafnder. Nid wyt yn dangos digon o *veneration* at dy gyn-dad y Prydydd Mawr.

*Tal:* Ni waeth i ti p'run, fy mechan i – dynion oedd dynion yn y chweched ganrif, a dynion ac nid angylion mo'nynt y munud yma. Achos gwir y chwedl mai cweryla â'r Mynachod a wnaeth fy nghyn-dad, y mae'n ddigon eglur mai balchder a hunanoldeb oedd yn llywodraethu ei dymer a'i gyneddfau. Ni welaist ti erioed lai o wahaniaeth sy rhwng ffŵl a philosophydd – rhwng sant a blagiard. Yr un elfennau sydd ynddynt oll. Cymysgedd o nwydau drwg a da, cryfder a gwendid, cwynau a serchiadau, ffolineb a doethineb, daioni a drygioni sydd ynddynt, fel ag y sydd ynot ti a minnau.

*Yr Awen: Arrêtez, mon cher – pas si vite, s'il vous plait.* Cofia y llinell Seisonig,

"Distance lends enchantment to the view."

Y mae'r byd i gyd yn gyffredinol (neu yn gatholicaidd, chwedl ein cymrawd Cadfan) yn parchu hynafiaeth a hynafiaid, ac y mae'r teimlad wedi ei ddwfn-reddfu yng nghalonnau y cenhedloedd; ac o ganlyniad, yr wyf yn dymuno arnat fod yn fwy moesgar a duwiolfryd wrth drin pynciau fel hyn. Yr wyt yn rhy chwannog i chwerthin am ben pawb a phob peth, pan fydd y *falan* heb fod yn dy flino.

*Tal:* O! O'r gorau. Y mae yn debyg y leiciet i mi fod, fel y rhan fwyaf o Feirdd Cymru, yn ymffolinebu gyda lol dduwiol, ac yn dilyn hymbyg yn lle anian.

*Yr Awen:* Tal annwyl, paid â bod yn haerllug. Treia ddangos mwy o serch a pharch at yr hen batriarch, i 'mhlesio i.

*Tal:* Wel, f'anwylyd, mi wnaf y peth fyd a fynnot i dy blesio di.

Yng nghorff y chweched ganrif gwelaf Fardd,
   Yn unig yn anialwch dyffryn Llanfair,
Yn syth a lluniaidd, fel poplysen hardd,
   Ac fel y saint, yn dduwiol-fryd a diwair;

Ei Awen yn blodeuo fel ei ardd,
    Ei galon bur a'i Delyn bêr mewn cywair;
Ei farf a'i wallt yn frigwyn fel yr eira,
A'i lygad fel y diemwnt a ddisgleiria.

Mae'n adeiladu Capel bach i'w Nêr,
    Heb undyn byw o'r byd i'w gynorthwyo;
Mae difrifoldeb yn ei wyneb têr,
    Wrth adeiladu, naddu, a morthwylio;
Drwy gydol dydd, nes cyfyd lloer a sêr,
    Mae fel gwenynen deg yn prysur weithio,
Nes gorffen ei sancteiddle clyd a thlws –
Ac wele'n awr penlinia wrth ei ddrws –

Gan godi ei olygon tua'r nef,
    O eigion calon dduwiol daw ei weddi;
Mae'n syllu'n dreiddiol ar ei allor gref,
    Gan erfyn cymorth yn ei gwyn a'i gynni:
Awenol yw ei iaith a'i lafar lef,
    Ei fron yn lân, a'i galon lawn yn toddi
I angenrheidiau dwys y weddi hon –
Gwrandawed pawb ar wyneb daear gron.

## Gweddi Talhaiarn Brydydd Mawr
*(Y Chweched Ganrif)*

"Dyro, Dduw, dy nawdd;
Ac yn nawdd, nerth;
Ac yn nerth, deall;
Ac yn neall, gwybod;
Ac yng ngwybod, gwybod y cyfiawn;
Ac yng ngwybod y cyfiawn, ei garu;
Ac o garu, garu pob hanfod;
Ac yng ngharu pob hanfod, garu Duw."

Neu fel hyn:

"Dyro, Dduw, dy nawdd;
Ac yn nawdd, Pwyll;
Ac ym mhwyll, Goleuni;
Ac yng ngoleuni, Gwirionedd;
Ac yng ngwirionedd, Cyfiawnder;
Ac yng nghyfiawnder, Cariad;
Ac yng nghariad, Cariad Duw;
Ac yng nghariad Duw, pob Gwynfyd.
  Duw a phob daioni."

Ac felly y gweddïodd ef. Ai tybed y bu ef ar ben y mynydd yma yn serch-syllu ar y golygfeydd o amgylch – ogylch Llofft y Coryn, fel yr ydym ni yn awr? Ym mha le yr oedd o'n byw? Pa le ei claddwyd? Ar ôl ei amser ef y mae to ar ôl to o drigolion yr ardaloedd wedi mynd ymaith. Rhai yn gewri cedyrn, ymrysongar, ac ymladdgar. Rhai yn weiniaid a llwfr, mewn helynt a thrybini ar hyd eu hoes. Rhai yn ddisglair-wych mewn awen a gwybodaeth. Rhai yn hurt, dwl, a difeddwl; ond efallai yn fwy dedwydd a chysurus na'r rhai oedd yn tywynnu mewn pwyll, rheswm, a dysgeidiaeth. Pa le y mae Hedd Molwynog, o'r Henllys; Dafydd y Penwyn, o Felai; Braint Hir, o Fodrochwyn; y Wynniaid, ac amryw eraill a fuont yn blodeuo a llywodraethu yn yr ardal? Nid enwir mohonynt ond ar ddamwain yn awr. Y mae miloedd ar filoedd o'r trigolion wedi mynd ymaith yn ddi-sôn amdanynt, ac wedi diflannu fel breuddwyd. Pa le y mae hen Batrieirch y Plwyf, y rhai oeddynt yn blaguro mewn penwynni pan oeddwn i yn blentyn? Y maent oll yn huno yn dawel ym mynwent y Llan. Ac felly yr â y byd yn ei flaen o hyd, o hyd, o hyd.

*Yr Awen:* Tal, y mae testun y Canto wedi llwyr lithro o'r golwg. Pa sut y bu hyn?

*Tal:* Crogi neb ŵyr, 'Mechan i. Ond deuwn yn ôl ato.
Gyda'r afon y dechreuasom, a chyda'r afon y terfynwn.
Dos di ymlaen, yrŵan, yn dy ddull gorau.

*Yr Awen:*

## Cân i Afon Elwy

O! Afon Elwy loyw lân,
    Wyt eilun o anwyldeb;
Mae Tal a minnau ar y bryn,
    Yn dotio ar dy wyneb:
Pelydrau'r haul a'th hoffant di,
    Ac ynot y disgleiriant;
Y lleuad wen, a sêr y nen,
    Eu llewyrch ynot welant:
Cenhedloedd ddeuant ac a ânt,
    O oes i oes yn ddi-lyth;
Ond byw a heini wyt o hyd,
    A llifo wnei'n dragyfyth.

Y coedydd mawrion ar dy fin,
    A chwyfiant ac ymlonnant;
Y llon-ddail ddawnsiant i dy gân,
    Awelon a'th gusanant:
Y blodau wenant yn dy wên,
    Mewn mwynder adlewychiant;
A balch yw'r gro o'th grydio di,
    A'r dolydd a'th gofleidiant:
Cenhedloedd ddeuant ac a ânt,
    O oes i oes yn ddilyth;
Ond byw a heinyf wyt o hyd,
    A llifo wnei'n dragyfyth.

Wyt amryliwiog yn y ddôl,
   A brigwyn ar yr argae,
A mud a llonydd yn y llyn,
   A llafar yn y rhydau:
O! Afon Elwy loyw lân,
   Wyt eilun o anwyldeb;
Mae Tal a minnau ar y bryn,
   Yn dotio ar dy wyneb:
Cenhedloedd ddeuant ac a ânt,
   O oes i oes yn ddilyth;
Ond byw a heinyf wyt o hyd,
   A llifo wnei'n dragyfyth.

*Tal:* Tybed nad oes gormod o *repetio* yn y gân yna?

*Yr Awen:* Nac oes. Ti a wyddost fel y bydd y cerddorion yn *repetio*, a phaham nad allwn ninnau, pan fo rhywbeth yn ein plesio, fel y gwna y gerdd yna. Ti a wyddost, hefyd, am y Saeson, fel y byddant yn canu nerth eu pennau,

> "For he's a jolly good fellow,
> For he's a jolly good fellow,
> For he's a jolly good fellow,
> Which nobody can deny."

Barddoniaeth ogoneddus, bid siŵr; ond pwy gebyst fydd byth yn blino ar ei ganu? Clywais di dy hun lawer o weithiau yn rorio nerth braich ac ysgwydd efo *jolly good fellows* yn y c*horus.*

Wyt ti'n cofio, Tal, ryw noswaith pan oedd Cadfan, Guto, Y Ddraig Werdd, Organydd Eglwys Gymraeg Llundain, a dy frawd Tom, yn ymweled â thi yn dy ystafell yn Camden Town? Yr oeddech oll yn ymlonni, yn overhôlio ac yn criticyddu y caneuon a nyddasom i lyfr Mr. John Thomas. Ac ebe'r Organydd yn rhyw gwr o'r sgwrs – "There's a beautiful song. It is impossible *not* to sing it. It is music itself." Ac ebe tithau, yng ngwynfydrwydd dy wag-ogoniant, "By Jove, my boys, those who praise my songs may drink all my gin. Go ahead, my tulips." (Chwerthin mawr a churo dwylo.) Oedd arnat ti ddim cywilydd dweud y ffasiwn beth?

*Tal:* Ddim mymryn mwy, fy Ngeneth i, na phe buaswn yn bwyta godardiad o datws llaeth.

# Y Trydydd Ganto ar Ddeg, sef Canto'r Bugeilgerddi

Y mae tipyn o gyffro ymhlith rhai o feirdd Cymru mewn perthynas â bugeilgerddi. Yn lle disgrifio syniadau a theimladau bugeiliaid, y mae y beirdd yn disgrifio eu teimladau a'u syniadau eu hunain. Y maent yn gwisgo eu meddylrithau ag iaith hedegog ffigurol, yn creu delweddau awenol, ac yn darfelyddu yn gampus. Bid siŵr, y mae darfelydd bywiog y bardd yn gwisgo pethau cyffredin â swyn a thlysni, ac y mae athrylith yn urddo pob peth a gyffyrddo. Ond, a oes priodoldeb yn hyn? Ni a wyddom o'r gorau mai y ffyliaid pennaf o'r holl anifeiliaid yw defaid – ffyliaid oeddynt erioed, a ffyliaid a fyddant byth; ac nid ydyw bugeiliaid yn fawr well na hwythau, yn ôl yr egwyddor o *"like loves like."* Ac o ganlyniad, ffolineb o'r mwyaf yw gwneud i fugail siarad fel Byron, Shakespeare, neu Solomon. Tybiwyf mai yn y dull yma y gwna bugeiliaid ganu mewn gwirionedd. Gwrandewch, campwyr y bugeilgerddi, sef, Ceiriog a Glasynys, ar y gân a genir gan Wil Wan a Deio Ddof:

# Bugeiliaid Moel Emwnt a Moel Unben

(Tôn: *Distyll y Don.*)

*Wil:*
Bu gennyf glamp o lwdwn,
Yn rhedeg o flaen corgwn
Yn boeth y bo y burgyn drwg,
Y diafl a'i ddwg i annwn
  I serfio ei drwyn.

*Deio:*
Bu gennyf ddafad wirion,
A chagl dan ei chynddon;
Ow ow, ni wela' i moni byth,
Hi aeth yn syth i'r afon,
  A brefodd yn braf.

*Wil:*
Bu gennyf hen fyharan,
Yr oedd o'n fawlyd fulan;
Torrodd i grio am ei fam,
Ac aeth yn gam i'w gwman,
  A threngodd heb gic.

Mae gennyf ddafad felen,
Yn pori ar Foel Unben,
Ac 'w' o *bitch* ar lethr ei chefn,
A chynffon lefn aflawen,
  A thar ar ei thrwyn.

*Deio:*
Mae 'nefaid innau'n pori
Yn ymyl Waen y Warli,
Ac yn eu bariaeth ddydd a nos,
Maent hyd y rhos yn rhesi,
  Yn gyfrgoll i gyd.

*Wil:*
Mae 'nefaid innau'n denau,
Ti ellit weld eu 'sennau,
Ond bod y gwlân, fel tewdwr to,
Yn cuddio'u cefn a'u lwynau;
  Peth glew ydyw gwlân.

*Deio:*
Ond, Wil, ai wyt ti'n hapus,
Ariannog, a chysurus,
A thŷ, a thân, a noddfa glyd,
I wneud dy fyd yn felys,
  Fel trïog ag uwd?

*Wil:*
Wfft iti, Dei gellweirus!
Y fi, y fi yn hapus!
Mae pawb ar wyneb daear gron
Yn lladron tywyllodrus,
  Mewn dichell a cham.

O bump ar gloch y bore'
Yr wyf fi ar fy ngore',
Yn gweithio'n galed drwy y dydd,
Heb fod yn rhydd i chware'
  Am funud neu ddau.

Nid yw fy nghyflog – aros –
Ond wyth swllt yn yr wythnos,
A chennyf wraig a phump o blant,
A rheiny â'u chwant am gocos,
  A thatws a llaeth.

Mae 'nhŷ to gwellt yn fyglyd,
A'r wraig yn bur rwgnachlyd,
A'r plant yn gwancio'r uwd i gyd;
A'r menyn yn ddrud ddychrynllyd,
  Heb geiniog i'w gael.

Pan fyddaf wedi blino,
Bydd Betsan adre'n dondio,
O eisiau na fawn i'n ennill mwy –
Caf fynd ar y plwy' i glwydo,
  Mi dynga'n y man.

Mae Meistr yn hen gybydd,
Yn edliw imi beunydd,
Fy mod i'n llymgi gwael di-drefn,
A chennyf gefn di-ddefnydd,
  A thwll yn fy nghlôs.

Ac felly ar hyd y flwyddyn,
Nid wyf ond cnaf ysgymun,
A'm dillad fel dillad bwgan brain,
Yn chwain o 'nghwt i 'nghorun,
  A 'mhoced yn wag.

Rwy'n gowdal o ofalon,
A bawlyd farc helbulon;
Ymgrogi wnaf wrth ddarn o bren,
Neu fynd ar fy mhen i'r afon,
  A 'nghar ar fy nghefn.

*Deio:*
Wil annwyl, dal dy dafod,
A phaid â grwgnach gormod;
"Fe ddaw eto haul ar fryn –
Nid ydyw hyn ond cawod:"
  Ffarwel iti, Wil.

Wel, fy Ngeneth i, be' wyt ti'n feddwl o 'nyna?
*Yr Awen: Lobscouse* troednoeth ydyw'r cwbl.
*Tal:* Be' wyt ti'n feddwl wrth *lobscouse* troednoeth?
*Yr Awen:* Wyt ti ddim yn cofio atebiad un o blant bochgoch iachus Llanfair, pan ofynwyd iddo, "Be' ge'st

ti i dy ginio, Bob?" "*Lobscouse* troednoeth," ebe yntau. "Be'di hwnnw, dwad?" "Tatws a maip wedi eu stwnsio â phupur a halen, *heb* ddim cig." Rhywbeth tebyg i hynny yw dy fugeilgerdd dithau.

*Tal:* Be' gebyst fynnet ti i fugeilgerdd fod? Anaml y bydd bugail yn ciniawa ar gig eidion rhostiedig a chwrw melyngryf, a dylai ei gân sawru o uwd a llymru a thatws llaeth, yn hytrach nag o rost' a berw, druan oedd o. Ond nid awn ni ddim i bendroni chwaneg ar y pwnc yna. Gad i ni dreio nyddu bugeilgerdd ffasiwn newydd, i blesio'r oes gonsetlyd hon. Y cymeriadau, chwedl *Young Wales,* fydd Aled ac Olwen. Rhaid i ti fod yn Olwen, a finnau fydd Aled. Tendia dy hun:

## Aled ac Olwen

*Aled:*
Mi ddaliaf am goron neu geiniog,
    Dy fod ti yn dwt ac yn neis;
Dy wallt yn winau-wallt modrwyog,
    Dy lygaid yn *jolly blue eyes*;
Dy wefus yn wefus fêl-wlithog,
    Dy gusan yn gusan o win;
Ond rywsut, yr wyt ti'n fun oriog,
    Ac anhawdd ddireswm dy drin.

*Olwen:*
Nid caru fel yna bydd cariad,
    Nid cariad yw ffalsder di-ffydd;
Ond gwylder ynglŷn â dwfn deimlad
    Yw'r cariad sy'n deilwng o'r dydd;
Nid brolio a bostio bydd cariad –
    Huawdledd distawrwydd yw serch;
Os na fydd yn t'wynnu'n y llygad,
    Ffals dafod ni lithia'r un ferch.

*Aled:*
Ti wyddost fy mod yn dy garu,
    Yn fwy na *rum*, cwrw, na gwin;
Penliniaf, ni chodaf i fyny,
    Nes imi gael cusan o'th fin:
Tydi yw fy ngwên a'm llawenydd,
    F'Angyles, fy Nuwies, fy Non;
Tydi ydyw coron y prydydd,
    Nad elwyf fi fyth o'r fan hon.

*Olwen:*
Rhyw garu blaen tafod yw'r cwbl,
    Heb fymryn o symledd gwir serch;
Nid geiriau gwenieithus gau feddwl,
    Na rhagrith, a foddia'r un ferch:
Twyllodrus yw gwenau anffyddlon,
    Twyllodrus yw'r galon a gêl
Bob dichell wrth lithio mun ffyddlon –
    Ni chyd-fydd y wermod â mêl.

*Aled:*
Mae ymchwydd dy ddwyfron i'm denu
    I syllu a dotio ar dy ŵn;
C'lommenod claerwynion sy'n nythu
    Mewn gwynfyd o dan dy wisg frown:
Mae 'nghalon yn rhwym wrth dy wregys,
    A 'mreichiau yn blysio y dasg
O ddilyn cymhelliad fy 'wyllys
    I'th fesur o gwmpas dy wasg.

*Olwen:*
Saf draw, a saf draw; ni chaiff undyn
  Gymeryd ei hyfdra â fi;
Dos adre' i'th wely, y lolyn,
  A dyna fy nghyngor i ti:
Ffarwel i ti, garwr penchwiban,
  Rwy'n myned i'th adael ar ôl;
Ti welaist a dysgaist yrwan,
  Nad ydyw pob meinwen yn ffôl.

*Tal:* Ma cherie. Gwyddost o'r gorau nad oeddwn i ddim o ddifri. Maddau i mi. Paham y gwnaed bugail yn arwr cerdd, yn hytrach na'r *cowman*, y dyrnwr, y clocsiwr, y tyrchwr, a'r töwr? Paham na chaem ni gowgerdd, ffustgerdd, clocsgerdd, tyrchgerdd, a thogerdd? Y mae yn debyg mai y dogerdd orau yw cân aderyn y to. Ond pa fodd bynnag, gad i mi dreio fy llaw ar gân y cigydd.

## Cigyddgerdd

(Tôn: *Dimau Goch.*)
(Y mae Edward Jones y Nant yn mynd i ganu'r gerdd yma o hyn allan ynlle *Hyd at Siôn Ifan Diddan Daith*).

Y Cymry hoyw, gloyw, glân,
  Gwrandewch ar gân y cigydd,
Tra b'wyf yn traethu cwrs y byd,
  A'm penyd ynddo beunydd:
Sciâmio'r llwybr gorau i brynu,
Sciâmio wedyn sut i werthu;
Chwysu, baeddu, a thrafferthu:
Byw yn ddyfal mewn gofalon,
Hel yr aur a'r arian gwynion,
Ac yn llidiog mewn colledion.

Fel hyn rwy'n byw o ddydd i ddydd,
    Nid wyf yn rhydd un amser;
Os prynaf fustach, yn y man
    Rhaid arian ar ei gyfer:
Weithiau'n lladd, ac wedyn blingo,
Weithiau'n gwerthu dan fy nwylo;
Weithiau'n cega, weithiau'n cogio:
Weithiau'n llon mewn tirion dwrw,
Efo *gin* a dwr a chwrw;
Weithiau'n foddus, weithiau'n feddw.

Ar ôl y cwbl, Gymry glân,
    Mae gennyf arian ddigon;
Rwy'n byw yn wych ac eithaf da,
    Mewn heddwch â 'nghymdogion:
Hyn ddymunaf ar fy ngliniau –
Taled pawb, mi dalaf innau;
Dyna'r ffordd i fyw yn ffrindiau:
Taled pawb i mi wrth brynu,
Talaf innau i'r rhai fo'n gwerthu;
Amen, f'wyllys, bydded felly.

# Y Pedwerydd Ganto ar Ddeg, sef Canto Garibaldi

Mae Garibaldi'n dyfod yn ei rym,
    A holl Italia agos a phendroni
O serch; yn dawnsio, ac yn canu hymn
    O glod i'r Arwr mawr am ei ddaioni:
Mae buddugoliaeth yn ei gleddyf llym,
    A duwies brydferth Rhyddid i'w goroni:
Cenhedloedd hoffant ei athrylith gref,
A Gormes dawdd o flaen ei anadl ef.

Brwdfrydedd a'i dilyna ar ei daith;
    Anrhydedd amgylchyna eirf ei luoedd;
Gorfoledd ymhyfryda yn ei waith,
    Gan godi ei ogoniant hyd y nefoedd:
Ei glod eheda dros y ddaear faith,
    Ac Ewrop a fawryga ei alluoedd;
Mae mil a myrdd o ddynion yn ei foli,
A holl Italia'n chwennych ei addoli.

Pa le mae Bomba?[*] Mae ef wedi ffoi,
    Fel adyn euog, i gyffiniau'i deyrnas;
O dynged deg! Mae'r fantol wedi troi
    Yn erbyn drwg weithredwr pob galanas:
Mae drws ei gastell cadarn wedi ei gloi
    Yn wyneb gwarthus y gormeswr diras:
Na ddeued byth yn ôl i dywallt gwaed,
A mathru cyrff ei ddeiliaid dan ei draed.

---

[*] Brenin Napoli

Carcharu a dirboeni miloedd wnaeth,
 O olau dydd, mewn celloedd tan-ddaearol;
Fflangellu, rhaffu, a chigyddio'r caeth,
 Oedd pleser yr anghenfil brwnt annynol;
A chanddo giwed o geisbyliaid, gwaeth
 Nag ef ei hun, i wneud ei waith uffernol:
Gorthrymwr a chadwynwr dynol ryw,
Erlidiodd ddynion, ac a lidiodd Dduw!

A Duw gyfododd Arwr mawr yr oes,
 I dorri llyffetheiriau meibion dynion
Ddioddefasant ing, a phoen, a loes,
 A chreulonderau dygn, a thrallodion:
Ar ôl pob penyd dirfawr, loes, a chroes,
 Mae'r carcharorion wedi dod yn rhyddion,
Drwy rym y cleddyf a drywanodd fynwes
Anghysegredig eilun-dduwies Gormes.

Ha ha! Mae Bomba wedi cwympo'n awr;
 Un ergyd a chwilfriwiodd ei lywodraeth:
Roedd rhai yn tybio'n siŵr ei fod e'n gawr;
 Ond llyfrgi oedd, yn llawn o lygredigaeth:
Ni ddaliodd ddim o flaen yr Arwr mawr –
 Yn bendramwnwg' syrthiodd ei reolaeth;
A'r bobloedd lawenychant yn ei gwymp,
A Rhyddid a adfywia yn ei thymp.

Y Pab, a'i goron driphlyg, ânt yn fuan
 I ddilyn Bomba i alltudedd bythol:
Pa le, yn awr, mae bost a brol y truan,
 Fod ei deyrnasiaeth yn anghyfnewidiol?
Bu cyw y fall cyn ddalled â thylluan,
 Wrth dybio fod ei reol yn dragwyddol:
I lawr â fo, yn sbort a gwawd i'r bobloedd,
A dirmyg bwyntia'i fys at "was y nefoedd."

Daeth Garibaldi, gyda meddwl pur,
 A chalon ddynol, dda, ddihalogedig,
I dorri bolltau a chadwynau dur,
 Ac i ryddhau y caethion gorthrymedig:
Ac o bob dyffryn, mynydd, castell, mur,
 Y cenir clod y milwr bendigedig:
Ei enw fflamia'n ddisglair mewn barddoniaeth,
A'i wrol-gampau urddant hanesyddiaeth.

Ysbrydion hen ryfelwyr Rhufain gynt,
 Sef Brutus, Cassius, Cesar, Cato, Pompey,
Ac amryw eraill, hofiant yn y gwynt,
 I hoffi grym a dewrder Garibaldi;
A charant lwyddiant ei ryfelgar hynt
 Drwy'r wlad lle buont hwythau'n llawn
  gwrhydri,
Ddwy fil o flwyddi'n ôl, mewn ysbryd gorflin,
Yn ymrafaelio ac yn brwydro'n gethin.

A Horas, Ovid, Fyrsil, welw ei bryd,
 A Marcus Tullius, ddônt i weld yr Arwr;
A Michael Angelo, pen campwr byd,
 A Dante, ddwyfol fardd, a phur wladgarwr;
Correggio, Titian, Raphael fwyn ei fryd,
 Petrarch a Thasso garant y concwerwr;
Boccacio, gyda'i gyfaill Ariosto,
Fel Archangylion gwawl a wyliant drosto.

Italia, O! Italia, gwlad y beirdd,
 Arlunwyr, cerfwyr, arwyr, a choncwerwyr;
Cartrefle tlysni, a gwyryfon heirdd,
 I ddenu dynion, ac i swyno synwyr
Dinasoedd, temlau, plasau gwych, a geirdd
 Olewŷdd, gwinwŷdd, a ffurfafen assur;
Pob peth i'th wneuthur yn baradwys byd,
Pe bai dy blant yn dysgu byw ynghyd.

Anghydfod fu dy felltith hyd yn hyn;
　　Ymraniad, mympwy ffôl, ac anghytundeb:
Ysgrifenedig yw mewn du a gwyn,
　　Mai unig darian Itali fydd UNDEB;
Cyhoedder hyn ar fynydd, pant, a bryn,
　　A deued y cenhedloedd i gytundeb,
I wneud eu hyfryd wlad yn un deyrnbennaeth,
A senedd, fel ym Mhrydain, fo'i llywodraeth.


Cryd y gwybodau, mam y celfyddydau,
　　Italia deg, t'wysoges gwledydd daear;
Dy hinsawdd sydd yn fendith i'r tymhorau
　　Ceir pob pêr ffrwythau, gwin, ac ŷd, yn gynnar;
Garlantau cain yn gymhleth o rosynnau,
　　I wneud dy burlwys drem fel gem digymar-
Brenhines wyt, yn gwisgo coron euraid,
A miwsig llon a lleddf yw greddf dy enaid.


Bu dy feddyliau mewn caethiwed certh,
　　A dy athrylith deg yn ocheneidio;
Ni wybu dy genhedloedd faint oedd gwerth
　　Ymdrechfa ddewr, nes treio'r dwrn, a llwyddo:
Y maent yn awr yn teimlo hoen a nerth,
　　Fel adar mwyn mewn llwyn a pherth yn pyncio;
Yn ymhyfrydu'n hoenus wên, a glendid,
A holl fendithion duwies brydferth Rhyddid.


Rhagluniaeth Duw a yrrodd Arwr mawr
　　I'th dynnu di o gyffion anghyfiawnder;
Penlinia dithau iddo Ef yn awr,
　　I ddiolch am ei ofal ar dy gyfer:
Tra pery'r haul, a'r lloer, a daear lawr,
　　A serch calonnau tyner at gyfiawnder,
Na fydded it', mewn cyfoeth na thylodi,
Anghofio byth dy Arwr Garibaldi.

Wel, f'anwylyd, ai oes gennyt ti rywbeth i'w ddweud ar y pwnc gogoneddus yma?

*Yr Awen:* Oes; y mae gennyf ryw ychydig benillion:

## Hymn i Dduwies Rhyddid

O! Fendigedig fun,
   Merch henaf Duw ei hun,
      Addolir di:
Cyn creu yr haul a'r rhod,
Yr oeddit ti yn bod –
Anfarwol yw dy glod,
      A'th fraint a'th fri.

Gorhoffus yw dy bryd
Gan holl drigolion byd,
      Yn fawr a mân:
Dy wên a lawenha
Holl ddynion doethion da;
Athrylith a'th fawrhâ
      Mewn cerdd a chân.

Archangel daear lawr,
Ar esgyll cain y Wawr,
      Tyrd atom ni:
Tydi wyt enaid gwlad,
A thrugarocaf rad
Yr Arglwydd Dduw ein Tad;
      Mawrygwn di.

Boed iti ar bob pryd,
Dywynnu ar y byd,
    Nes bo yn rhydd:
Tywynna ym mhob man,
Dros fôr a mynydd ban,
Nes troi, mewn tref a llan,
    Y nos yn ddydd.

O! Ryddid, dduwies dda,
Pob *dyn* ymlawenhâ
    Yng ngwawl dy wedd:
Trywana Ormes drwg,
A chwâl ef fel y mwg,
A gyrr ef gyda gwg
    O'r byd i'r bedd.

# Y Pymthegfed Ganto,
## sef Canto Mân Ganeuon

Fy Mwynen swynbert wefusrudd, gwrando. O na chaem fyw yng Nghymru am y rhelyw byr o'n hoes, a dim i'w wneud ond lolian a chaberlulio, ymddoethi ac ymffolinebu, a chanu pan fo canu ar y galon, a bod fel y bendigedig-fardd hwnnw a ganodd fel hyn:

> "Tebyg wyf fi i'r aderyn,
> Ni heuaf ac ni fedaf ronyn;
> Ni wnaf ddaioni yn y byd,
> Ond canu ar hyd y flwyddyn."

Dyna ystâd ogoneddus! Bendith i gofiant yr hen frawd, pwy bynnag oedd. O na chaem fod fel y fo. Ond yn lle hynny, gwaith, gwaith, gwaith, yw ein tynged yn yr hen fyd dyrys yma; a rhaid ei ddilyn, er cased yw. Hei ho! Jip, Jupiter, Gemini! *Je suis tout à fait ennuyé. Sin has led to sorrow; sorrow to wretchedness.* Ond cebyst y bo pawb a phob peth; gad inni ganu am y gorau, a threio anghofio busnes, trafferth, helbul, a thrybini.

*Yr Awen:* Oh! Thou poet-prophet of misery, who art mirthful in thy melancholy, and melancholy in thy mirth, I accept thy challenge. Go ahead.

*Tal:* Yn araf deg i fyny i'r allt. Paid â bod yn rhy ffast. Cofia, "po mwyaf y brys, mwyaf y rhwystr." Rhaid i mi gael catiad o dybaco, gael imi weld pictiwrs yn y mwg. Wrth gofio, welaist ti fod rhai o ohebwyr y *Cymro* yn curo ein cefnau, ac yn ein hannog ymlaen? Y mae tipyn o ganmoliaeth, yn awr ac yn y man, yn fwyd ac yn ddiod, ac yn ddillad i ni:

> "A phawb, yn gall ac yn ffôl,
> A ddygymydd â'i ga'mol,"

chwedl Dewi Wyn. Wfft i benwendid, onide?

## Un Seliad Iawn yw Sali

(Y dôn gan Owain Alaw.)

Fy enw i yw Deio Prys –
    Mae arnaf flys priodi
Y fun sy'n annwyl iawn gan i,
    A'i henw hi yw Sali:
Yr wyf yn eistedd wrth y tân,
    I nyddu cân i'w moli;
O! Mae hi'n eneth loyw lân,
    A diddan iawn ei chwmni:
Anwylyd yw fy meinwen lon
    Mae 'nghalon yn ei hoffi;
Mewn pryd a gwedd, a dysg a dawn,
    Un seliad iawn yw Sali.

Hi fedr wau, a dawnsio gwedd,
    A darllen *novels* Dickens;
A phlesio'i thad, a helpio'i mam,
    A thendio ar y *chickens*;
A gwneuthur *custards, tarts, and pies*,
    A phwdin *rice*, a thymplan;
Mae popeth ddaw o'i llaw yn fêl –
    *Mêl*-usach yw ei chusan:
Anwylyd yw fy meinwen lon-
    Mae 'nghalon yn ei hoffi;
Mewn pryd a gwedd, a dysg a dawn,
    Un seliad iawn yw Sali.

Mae rhai yn dweud fy mod i'n llanc
   Rhy ifanc i briodi;
A minnau'n disgwyl cyn yr haf
   Y caf briodi Sali:
Mae rhywbeth yn ei siriol wedd
   Mewn hedd yn d'wedyd imi,
Am gredu'n gadarn, fel y graig,
   Mai gorau gwraig fydd Sali:
Anwylyd yw fy meinwen lon –
   Mae 'nghalon yn ei hoffi;
Mewn pryd a gwedd, a dysg a dawn,
   Un seliad iawn yw Sali.

*Yr Awen:* Yr ydwyf fi am guro honna. Wyt ti yn cofio addo, yn Eisteddfod Dinbych, cyfansoddi cân i Miss Wynne, y gantores, fel math o gyfeilles i *Mae Robin yn Swil*, a'i bod hithau yn addo ei chanu, dan wau hosan, mewn pais, a *bedgown*, a het – y *Welsh costume*, forswˆth? Wel, gan fy mod i'n deall cyfrinion serch merched yn well na rhyw lwmp barfog ysgwyddbraff fel tydi, nyddais y gân, ddeufis yn ôl:

## Peidiwch â Dweud wrth fy Nghariad

Sung by Miss Sarah Edith Wynne (*Eos Cymru*).
(Y dôn gan Owain Alaw, Pencerdd.)

Paham y mae pleser a phoen dan fy ais?
   Paham mae fy nghalon yn curo?
Pan welaf fy nghariad, pan glywaf ei lais,
   Paham bydd fy wyneb yn gwrido?
Hei ho! Mae 'nghalon a 'ngho',
   Yn orlawn o swynion pêr syniad;
Ond peidiwch â dwedyd fy *secret* i neb –
   O! Peidiwch â dweud wrth fy nghariad.

Mae cariad yn rhuddo a gwelwi fy ngwedd –
  Ow resyn na chawn i briodi;
Mae cariad yn gymysg o bryder a hedd,
  Mae cariad yn gyfoeth mewn tlodi:
Hei ho! Mae 'nghalon a 'ngho',
  Yn orlawn o swynion pêr syniad;
Ond peidiwch â dwedyd fy *secret* i neb –
  O! Peidiwch â dweud wrth fy nghariad.

Mae 'mysedd yn drysu yr hosan o hyd,
  A'r hosan yn drysu fy meddwl,
A'm meddwl yn drysu pob peth yn y byd –
  Waeth imi gyfaddef y cwbl:
Hei ho! Mae 'nghalon a 'ngho',
  Yn orlawn o swynion pêr syniad;
Fydd rhywun mor hynaws â dweud wrth Tom,
  Rhag ofn i mi farw o gariad?

Dangosodd y Pencerdd y gân i Alfred, ac y mae yntau wedi ei Seisnigo fel hyn:

(*Imitation of the foregoing Song, by Alfred.*)

What means this deep pleasure and pain in my breast,
  This rapture which makes my heart tremble?
When I see my brave laddie, the blushes confess'd,
  Betray my weak pow'r to dissemble:
Heigh ho! My heart with the flow
  Of the warm rushing tide is unsteady;
Oh see that ye tell my dear secret to none,
  Oh say not a word to my laddie.

With love my hue changes, now red and now pale,
  My eyes and my heart it bewitches:
With love, care and anguish will turn into bliss,
  And poverty turn into riches:
Heigh ho! My heart with the flow
  Of the warm rushing tide is unsteady;
Oh see that ye tell my dear secret to none,
  Oh say not a word to my laddie.

My fingers keep tangling the threads as I knit,
  The threads cross my purpose in thinking;
My thoughts at cross purposes are with the world,
  No longer the truth will bear blinking:
Heigh ho! My heart full of woe,
  Will break if I wed not tomorrow –
Perhaps some kind neighbour will name it to Tom,
  And save me from dying of sorrow.

Tâl i mi bâr o fenig, a chofia dy guro. Heblaw hynny, y mae Owain Alaw wedi cyhoeddi fy nghân i a'r cyfieithiad, ynglŷn â miwsig, ac yn ei gwerthu am swllt y copi. Dyna dy guro di eto; oblegid mi ddaliaf am goron na chefaist ti yr un geiniog goch am gân gan undyn ers deng mlynedd.

*Tal:* O! Ai e yn wir! Ac yn ôl swllt neu geiniog yr wyt ti'n barnu teilyngdod cyfansoddiad? Felly siwr. Ond paid ti â bod yn rhy ffast, fy Mechan i, rhag y digwydd iti drippio, a cholli'r gystadleuaeth. Treiaf yn dost dy guro y tro nesaf. Yr wyf yn bwriadu i'r gân ymddangos yn llyfr Mr. John Thomas, y Telynor. Y dôn fydd "Hob y Deri Dando," yn null y Gogledd. Dull y *South* sy gennym ni o ganu Hob y Deri Dando yn y *North* yn awr; ond y mae y dôn yn null y *North* yn llawn mor alawaidd, ac yn fwy *quaint*, nag yn null y *South*. Gwêl lyfr Edward Jones, Bardd y Brenin.

## Siân Fwyn Siân

(Tôn: *Hob y Deri Dando.*)

Pleser sy'n dy rudd yn gwrido,
    Hob y deri dando, Siân fwyn Siân;
Minnau'n dotio ac yn blysio –
    Dyna ganu eto, Siân fwyn Siân:
Rwyf yn glaf o gariad gwirion,
    Dyro gusan, Siân;
Ti a bia Tal a'i galon,
Siân fwyn, tyrd i'r llwyn,
Seiniaf enw Siâni fwyn –
    Siân fwyn Siân.

Gwyn fy myd pe bawn golomen,
    Hob y deri dando, Siân fwyn Siân;
Nythwn yn dy fynwes burwen –
    Dyna ganu eto, Siân fwyn Siân:
Yn dy fynwes mi furmurwn,
    Dyro gusan, Siân;
Yn dy glustiau mi sisialwn,
    Siân fwyn, tyrd i'r llwyn,
Seiniaf enw Siâni fwyn –
    Siân fwyn Siân.

Ar f'engoch i, y fi a bia'r menig. Cofia dy guro, a phaid â digio, gofidio, strancio, a myned i *hysterics*.

## Yr Unfed Ganto ar Bymtheg,
## sef Canto Ogof Moel Iago

A mi yn rhodio ar brynhawngwaith braf,
  Es wysg fy nhrwyn i nant y Felin Grepog;
Roedd anian wrth ei bodd mewn heulwen haf
  Yn gwrando miwsig mwyn y ffrwd redegog;
Ac ebe fi, gorffwyso yma wnaf
  I syllu ar y ffrwd a'r llethrau coediog:
Pleserus bod fel hyn am awr neu ddwy,
Y fron yn iach a'r galon yn ddi-glwy'.

Roedd ogof coed Moel Iago o fy mlaen –
  Daeth blys pur sydyn arnaf am fynd iddi,
Heb gyfri'r gost na hidio hanner draen
  Pa sut y deuwn byth yn ôl ohoni,
A'm corff heb friw a'm dillad yn ddi-staen
  I mewn â mi yn orlawn o wrhydri,
Gan ymbalfalu yn y t'wyllwch duaf
A welodd neb ar noswaith dduaf gaeaf.

Ymlaen, ymlaen â fi nes i mi flino,
  Eisteddais wedyn ar ryw lwmp o garreg;
Heb fymryn o oleuni i'm goleuo,
  Ond t'wyllwch tew i'm ffitio megis maneg;
A dyna lle yr oeddwn yn myfyrio –
  Be gebyst gawn i weld neu wneud ychwaneg:
O'r diwedd wele sbot o wawl yn dyrchu,
Fel seren gain o hirbell yn llewyrchu.

Cynyddu wnaeth fel pe agorid cyrten,
  Ac wele ddyffryn gorwych yn disgleirio;
Mewn tlysni pur ail ydyw hwn i Eden,
  A mil a myrdd o fanwydd yn blodeuo;
Ac aur-afalau'n dryfrith hyd bob cangen
  O'r coedydd gwyrddion sydd yn ei addurno:
A chedrwydd Liban gyda derw mawrion
Yn gwenu ar eu llun mewn disglair afon.

A'r afon loyw sydd yn llifo'n llawn,
  Fel sarff o arian mewn hyfrydlon ddolydd;
Ar hyd ei deufin helyg melyn gawn,
  A grawnwin aeddfed yn gorhulio gwinwydd
Lilïod gwynion loywant lygaid dawn,
  A rhosys cochion wridant hyd ei glennydd;
Pob math o flodau'n britho cangau'r gwŷdd,
A'r dwfr yn eilun o ewyllys rydd.

Mynyddoedd mawrion godant fry eu pennau,
  Yn drumau gwalciog tua'r las ffurfafen,
Yn ail i'r Andes neu y dirfawr Alpau;
  A'r dyffryn obry wena ar y wybren:
Coedwigoedd, glynau, cymau, bryniau, pantiau
  A gweunydd heirdd ymlonnant yn yr heulwen:
Coronir anian yn y dyffryn hardd
A gwawl disgleiriach na dychymyg Bardd.

Rhaeadrau gwylltion ruthrant dros glogwyni,
  A chlaer-ewynnant rhwng danheddog greigiau;
Chwyrn-droellant, cynddeiriogant yn eu cynni,
  I adael ffrwst a dirfawr drwst y dreigiau,
A'u hamgylchynant yn eu dewrwyllt ynni;
  Crychferwant, rhuant, rhwygant gyrrau'r heigiau,
A llamant fel gwallgofion tua'r pant,
Gan adael atsain i fyddaru'r nant!

Ac wele balas mawr o farmor gwyn,
  Mil harddach nag a wneir gan ddwylo dynion;
Mawreddus yw ei wedd ar heulog fryn,
  Adeilad cadarn gwych yn llawn o swynion;
Pentyrrau aur ac arian byd ni phryn
  Ei gynllun ef, na'r gwaelaf o'i gywreinion:
Holl gampau Groeg a Rhufain fawr gwympant
I ddiddim mewn cymhariaeth â'i ogoniant.

Colofnau *porphyri* a *rose antico*,
  A *verd antique* addurnant ei ystlysau;
Y *cornices* o gerfwaith wedi ei euro;
  Mae *arabesques* yn dryfrith hyd bilastrau,
Ffenestri'n llawn o wydr brith yn fflamio,
  Yn curo'r enfys gain mewn siriol liwiau:
Y rhannau oll mewn cyfartaledd perffaith,
A'r *tout ensemble* ddwg hudolus effaith.

Mae *niches alabaster* wedi eu cerfio
  Yn gywrain hyd y ffrynt, yn cynnwys lluniau
Holl ddoethion byd, a fuont yn goleuo
  Ei anwybodaeth, drwy y maith ganrifau:
Mae *dome* o aur eangfawr yn disgleirio,
  Fel coron hardd yng nghanol y cupolâu;
Ac ar y *Pediment* mae'r geiriau hyn
Mewn meini gwerthfawr yn y mynor gwyn:

  *The Temple of Fame*
And on the summit of the dome is seen
  A gorgeous crown magnificently wrought;
With diamonds, rubies, pearls, in brilliant sheen,
  And precious stones, the richest ever sought
By Mogul, Pasha, Sultan, King, or Queen,
  And dazzling as a poet's happiest thought –
Y cwbl mewn ysblander tangnefeddus,
Pob gem mor gain â seren ogoneddus.

Mae gerddi hyfryd yn cylchynu'r palas,
    A phedestalau'n cynnal heirdd gerfluniau;
*Cascades* a *fountains*, dyfroedd croyw gloywlas,
    Gwelyau ceinion o amryliw flodau;
Olewŷdd, palmwŷdd, llawryf, ffawŷdd gwyrddlas,
    A phêr-aroglau dêngar i'r synwyrau;
A theg rodfeydd a golygfeydd goleulwys,
A wnânt y fan yn swynol fel paradwys.

A Moses, Dafydd, Solomon, Esaiah,
    Yn dalgryf safant ar eu pedestalau;
A doethion Groeg, a Rhufain, ac Assyria,
    Adawsant yn y byd anfarwol enwau;
Goreuon Ewrop, Affrica, ac Asia,
    Sy'n awr yn fud a byddar mewn cerfluniau:
Rhy anhawdd im' eu henwi yn fy odlau,
Rhag ofn i'r awen drippio ar ei sodlau.

Mae Shakspeare, Milton, Byron, Burns, i'w cael
    Ymhlith y rhain, a Newton ddwfn-ddysgedig;
Philosophyddion a seneddwyr hael,
    Llenorion, Duwinyddion gwynfydedig;
Mesurwyr sêr a phlenyd, lloer, a haul,
    A llu o anfarwolion bendigedig –
Ac yn eu plith mi welaf ein Taliesin,
A Llywarch Hen yn gwenu ar Aneurin.

Ni welwn yn fy myw greadur byw
    Oddeutu'r plas nac yn y gerddi gwyrddion;
Tawelwch sy'n distewi yn fy nghlyw
    Wrth syllu ar y teg gerfluniau mudion;
Y coed a'u cangau, llysiau, blodau syw
    Ddisgleiriant mewn gogoniant yn yr hinon;
Y dwfr grisialaidd a sisiala gân,
Heb neb i syllu ar ei wyneb glân.

Ond wele borth yn agor – beth yw'r rhain?
    Lodesi ieuainc yn eu gynau gwynion;
Pob un yn siriol, hudol, mwyn, a main,
    A theg wynebau fel y rhosys cochion;
A gyddfau glân o liw y lili gain,
    A blodau yn eu gwallt – maent mewn *procession*
Yn rhodio'n araf tua sedd Taliesin,
A phedestalau Llywarch ac Aneurin.

Ac yn eu canlyn gwelaf fywiog fardd,
    Un llym ei olwg – llydan ei ysgwyddau –
Nid yw yn dal na byr, na hyll na hardd,
    Ond rhôl o ddyn â braster ar ei lwynau;
Mae'n dilyn y genethod yn yr ardd,
    Y rhai ymgrymant wrth y pedestalau,
A moes-gyfarchant anfarwolion Cymru,
Yn wylaidd ac yn ofnus i'w ryfeddu.

Rwy'n syllu ar y bardd di-fraw di-fri,
    Nid yw efe mor foesgar â'r genethod –
Myn cebyst, mae o'n debyg iawn i mi
    Mewn gên, a gwên, a wyneb, corff, ac aelod
Ai fo yw fi, ai fi yw fo? eb fi;
    Mae'r *wag* fel pe bai'n methu dal ei dafod:
Does fawr o *veneration* yn ei wên,
Wrth syllu ar y patriarch Llywarch Hen.

Ac wele'r lodes lanaf yn eu plith
    Yn paratoi i siarad â'r cerfluniau;
Ei llygaid clir sy'n burlan fel y gwlith,
    A glas fel y ffurfafen ddigymylau;
Diniweid ydyw, gonest, a di-rith,
    Mae miwsig yn ei llais a'i hysgogiadau;
Llawn yw ei bron, gwastadlyfn yw ei thrwyn,
A'i gwep yw gwep fy Awen, feinwen fwyn.

Ac ebe hi – "anfarwol Feirddion Cymru.
　　Gaiff Tal bedestal yn eich hymyl rywbryd?
Mae'n ddiog rôg, ond fel y gog am ganu,
　　Pan fo ei fron yn iach a'r hin yn hyfryd;
A phan fo'n sâl mewn gwâl, neu yn y gwely,
　　Gwna ambell gerdd i Walia ei anwylyd;
Ond cwrt a chwta ei ganeuon oll –
Mae rhai ohonynt wedi mynd ar goll."

Ysgydwai'r tri eu pennau gyda gwên,
　　Heb yngan gair o groeso i'r dymuniad;
Ond digon hawdd oedd gweld fod Llywarch Hen
　　A'r lleill yn erbyn derbyn y cynigiad;
A gwelid hyn yn eglur ar bob gên,
　　Na ddeuai dim ond anghlod o'r gosodiad;
Nid ydoedd Tal yn deilwng o'r fath fri
Yng ngolwg lleyg, na llên, na'r un o'r tri.

"Wel," meddai'r feinir gyda thymer fywiog,
　　"Gan ichwi wrthod derbyn ein cynigiad,
Arhoswch yna yn eich bri godidog,
　　Fel gwag eilunod godwyd gân ein henwlad,
I seddau uwch na'ch haeddiant niwl-gymylog;
　　Dilynwn ninnau Tal yn bur ein bwriad;
Ni hidiwn fymryn am eich hen ystraeon –
Coronwn ef yn Fardd y Serch-ganeuon."

Ac wele'r nef yn gwgu'n dost uwch ben,
　　A chaddug dudew yn gorhulio'r wybren;
Y llachar fellt a fflamiant yn y nen,
　　Y daran erchyll rawl drwy y ffurfafen;
A nef a daear...

A pha beth oedd yno ond Wil Jones, y tailiwr, efo channwyll a lantern, wedi dyfod i chwilio amdanaf. A dyna lle'r oedd o yn chwerthin am fy mhen yn siarad drwy fy hun *mewn breuddwyd* yn y tywyllwch. Sydyndro y lantern oedd y fellten, a chwerthiniad Wil Jones oedd y daran. A dyna ddiwedd y canto.

# Yr Eilfed Ganto ar Bymtheg, sef Canto'r Tribannau

Gwell gan gar, a ffrind, a brawd,
Ariannog gnaf na doeth tylawd;
Gwir a gwawd a bair hyd ddyddbrawd.

*Cold and wet* ydyw'm llety,
Ebe y frân wrth frân fry –
Anwylyd, tyrdd i'th wely.

Hoffa'r ffôl gael ei frolio,
Ym mhob man, druan dro;
Ynfyd *whelp*, Duw a'i helpo!

Camp yw coethi a doethi dwl:
Ni ddaw mewn hedd, rwy'n meddwl,
Ddawn a ffydd o enau ffŵl.

Arfeiddiad o wir feddwl,
A chlod a pharch, ni chluda ffŵl:
Dibarch yw wyneb dwbl.

Gwawn yw iaith y gwenieithwr;
Aflawen yw gwên y gŵr,
A thruth y ffolsyth ffalsiwr.

Triban i safio trwbl;
Peth di-lon, a digon dwl,
Yw mynych henffych henffwl.

I foddio yn gyfaddas
Pob erwtgi udgi atgas,
Bid ein hiaith fel gweniaith gwas.

Chwâl dwymyn uchel dymer;
Y ffordd i wynfyd byd yn bêr,
Yw ymostwng i'r meister.

Ceir ambell ddyn fel cecryn câs,
Yn daerwyllt genaw diras –
Os meistr gwirion, gwirion gwas.

Ysywaeth, afiaith ofer,
A'i naws fwyn, wna einioes fer:
Costus pob blasus bleser.

Cymysgu, treblu trwblaeth,
Mawl a llid, a mêl a llaeth,
Geir efo gŵr o afiaith.

Ni wna cred gwlad, na phader,
Na dawn sant o dan y sêr,
Buro chwaeth afiaith ofer.

Dywiriaf nad yw araith,
Lleferydd, a cherydd chwaeth,
Ond ofer i nwyd afiaith.

Her ddidwyll i bwyll a barn –
'E fyn y wlad ddiod gadarn,
Diwael fir nes dêl y farn.

Pan fo gaeaf Naf yn noeth,
O rhynnu a wna'r annoeth:
Bid clod a diod i'r doeth.

Hudolus geirdd beirdd y byd
Awenfawr roddant wynfyd:
Anfwyn yw cân pob ynfyd.

Gwir awen a llawenydd,
A bron ddi-gwyn, fwyn, a fydd
Yn baradwys i brydydd.

Priodol i bob prydydd
Yw caru rhin cwrw rhudd,
Addfwyna nodd yw fenydd.

Parodwaith a wna prydydd,
Llonnaf wawd, os llawn a fydd
O dda gwrw'n ddigerydd.

I'm dwyn ar chwim adenydd,
Duwies pleser swynbêr sydd,
A holl wŷnau llawenydd.

Yr awen, fel yr eos,
Ei chân rydd yn nydd a nos,
Am oriau'n ddiymaros.

I oglais serch ei pherchen,
A dawn a nwyf dan y nen,
Gwar eos yw gwir awen.

O! Truan yw trwyn awen,
(Gwêl ei phig,) a gwael ei phen,
Os cân i arllwys cynnen.

Ond awen o lawen lef
Ni thwng, ni heintia'i thangnef;
Ni ddwg nwyd i ddigio Nef.

Wel dyma wers amhersain –
Na ddod dy serch ar ferch fain,
A garo yn rhy gywrain.

Mwyn yw dawn menyw dyner;
Swyno pawb wna'i chusan pêr
A hedd fendith addfwynder.

Nid yw pob merch i'w serchu:
Aflawen yw hoeden hy',
A chur a ddaw o'i charu.

Na chynnwys lid a chynnen:
Gwell yw budd i gall ei ben,
Na drygys wefl budrogen.

Ciwpid yw tad cariad cun;
Ei wŷnau berynt anhun,
A'i loches yw mynwes mun.

Y gwalch tlws, a Fenws fwyn,
Yn amser hoenau ymswyn,
A hud-lithiant Sant â'u swyn.

I gariad mae rhagoriant;
Cariad cry' a dery dant
Hoen gwŷnaeth mewn gogoniant.

Pawb gâr, yn fwy nag arian,
Feinwen ddawnus, liwus, lân –
Wfft i bwt o slwt yn slotian.

Y mul a ga' helbulon-
Draig a frath y drwg ei fron-
Gwario wna pob dyn gwirion.

O gyrr chwant hen garw chwyrn
Drwy hengoed yn druangyrn,
Ei bennaf gwae – gwae i'w gyrn.

Er aur a gwenau'r gwyneb,
Yn enw Naf, ni una neb
Fffolineb a doethineb.

I'r gwan nid oes fawr gynnydd;
I'r ofnus dyrys yw'r dydd –
Amlhau wna'i boenau beunydd.

Ym mhob blinder amserol,
Y galon wan gilia'n ôl
O gyrraedd teimlad gwrol.

Triban dyhuddiant trwbl:
Nid yw annoeth, doeth, na dwl,
Yn meiddio ffrwyno meddwl.

Rhag gorthrwm llid erlidiol,
A thrais ciaidd, ffiaidd, ffôl,
Llys i bawb yw llais y bobol.

Glywaist ti chwedl Talhaiarn?
Barnwr teg, cudeg, cadarn,
Yw llais y byd mewn llys barn.

Dyweded a ddywedo,
Ym mhob dyffryn, bryn, a bro,
Angen a bair ymwingo.

Gwir arall sy'n goroian:
Ar ddaear lawr, mawr a mân
Weryrant am yr arian.

Gochel glod gan athrodwr;
Daw llygredd suredd yn siŵr
O goeg enau goganwr.

Nid oes na gwers na Pherson,
Na dawn hoyw, loyw, lon,
A all ddenu holl ddynion.


Hoff fwyniant pawb yw ffynnu,
Heb lysu llên, i blesio llu –
I gall a ffôl, gwall yw ffaelu.


Saf, dyma ddihareb siŵr:
Fel bo'r ffarm, felly'r ffarmwr;
Y gwaith a ddengys y gŵr.


Er addysg a gorau-ddawn,
I'r un bedd, mewn llygredd llawn,
Yr â'r anwir a'r uniawn.


Meirwon deuryw, gwyw eu gwedd,
Ni chlywant lef tangnefedd,
Na dawn y byd, yn y bedd.


Truan fod yw'r hwn a fyn
Wawdio gwlad a chredadun;
Daw trwbl dwbl i'r dyn.


Dir gynni ddaw i ddidduw,
Annynol enau annuw;
Ei waith o yw d'wyno Duw.


Os mynni fod mewn clod, clyw,
Ail adrodd wir diledryw:
O bob doeth, nid doeth ond Duw.


Boed i bob creadur byw,
A gwârddyn, nawdd y Gwirdduw:
Goreu nawdd yw nawdd yn Nuw.

# Y Deunawfed Ganto,
# sef Canto Modryb Modlan

Gwrandewch, y Cymry glân,
  Ar hanes Modryb Modlan:
Mae'n eistedd wrth y tân,
  Yn rhoncio ac yn rhincian:
Ni fu o fewn y byd
  Hen wreigan waeth ei thymer;
Gwell ganddi ffrae o hyd,
  Na phwdin, te, na phader.

Does funud yn y dydd
  Na fydd hi'n dondio rhywun;
Ac aflonyddu bydd
  Ei mab, a'r gwas, a'r forwyn:
Mae rhywbeth beunydd ben
  I'w chroesi hwyr a borau;
Nid oes o dan y nen
  Ei bath am weled beiau.

*Modryb Modlan:* Ni welais i 'rioed 'siwn beth. Ni fu neb ar wyneb y ddaear yma yn cael y fath drafferth â fi. Mari, tyrd yma mewn munud; y mae'r crochan yn berwi i'r tân, ac y mae'r gath yn y cwpwr'; 'scat, 'scat, tyrd odd'na di. Yn boeth y bo'r gath yna. Tyn y crochan yn union deg, neu mi spwyliff ginio'r dynion, a hwythau yn gweithio'n galed, druain, ac yn disgwyl am eu cinio. Ond ni waeth gennyt ti, os cei di ddigon o ddiogi.

(Mari yn dyfod ymlaen yn ddigon siriol a sionc, a'r cadach llestri yn ei llaw.)

Tafl y cadach llestri yna o'r neilldu. Fydda' i yn dweud wrthyt ti bob amser am beidio â hoician â dy glol yn yr awyr, a chario'r cadach llestri, ac ymbincio, a gwneud mynudiai yn y *glass*, a meddwl am dy gariad yn lle meindio dy waith. Mi gei di ddigon o amser i feddwl am dy gariad yn dy wely; heit honot ti. Ond rhaid i ti feddwl am dy waith yrŵan, a'i wneud o hefyd. Tyn y crochan a meindia dy fusnes, a phaid â scaldio'r ci. Tobi, dos odd'na di. Yn boeth y bo'r ci yma. Wel'soch chwi 'rioed 'siwn beth. Cicia fo, Mari, oddi ar dy ffordd. Tyn y crochan; mi fydd y dynion yma yn union deg. Dacw'r gath yn llyfu'r hufen; scat, scat – hys, hwi, Tobi. 'N enw'r bobl, Mari, yr wyt ti yn beth anhylaw. Dod y potas yn y bowliau, a'r bara ar y bwrdd. Tendia'r tatws: y mae nhw yn mynd yn *rags* gwylltion yn eu crwyn. Tobi, yr hen genaw. Drychwch arno fo; y mae o newydd ddwyn tafell o fara y munud yma. Does dim ond plag imi ddydd a nos, a nos a dydd. Ond does dim help amdani hi – bai bod gennyf fi amynedd Job, ni ddown i byth i ben â dioddef. Megis y dywedodd Solomon: "Llanciau'r 'Ryri a'u gwyn gyll, a'i hennill hi."

  Mae John y mab, a'r llanc,
   A'r gwas, yn dod i ginio,
  Mewn iechyd gwych a gwanc,
   Ar ôl bod yn ymprydio
  Am bedair awr neu lai,
   Er brecwast symol borau –
  Mae'r llanw'n mynd yn drai
   Yng ngwaelod y godardau.

  A thra'r oedd Jack y gwas,
   John a'r llanc yn llyncu
  Eu siâr o'r potes bras,
   Tatws a chig i'w rhythu,
  A Mari'n siriol bwt,
   Yn ofni bwyta gormod,
  Roedd Modryb Modlan dwt
   Yn rhoddi rhaff i'w thafod.

*Modryb Modlan:* Ie, ie; digon hawdd ydyw bwyta, ond nid mor hawdd yw cael bwyd, nac arian i'w brynu. Y mae pobol yr oes yma yn fwy bwytëig nag y bydde nhw ers talwm, ac yn meddwl mwy am eu boliau nag am eu gwaith. John, torr' slisin arall o'r biff yna i Jack, a dyro dipyn eto ar blât Robin. Mari, fynni di chwaneg? Neu, os wyt ti wedi darfod, dos at dy waith, a phaid a synfyfyrio fel pe baet yn cyfri'r sêr. Cebyst y bo'r fuwch yna. Edrychwch arni hi. Mi dyrr y ffenest yn reit siŵr. Rhed, Robin, mewn munud, a thro hi i ffwrdd. Mari, ro'ist ti laeth i'r llo heddiw? Y mae o'n brefu'n arw, druan oedd o. John, mi glywais fod y defaid wedi bod yn yr ŷd, a buwch Siôn Pirs wedi torri i'r weirglodd wair. Y mae rhyw helynt o hyd. Ond be' wnewch chwi, pan fo pobol ddim yn meindio eu busnes eu hunain? John, ro'ist ti yr un tamaid i'r ci heddiw? Ow Tobi bach. Tamaid i Tobi. Rhed, Mari, mewn munud, dacw'r gath yn mynd i'r *dairy*. Mi eiff yr hen sopen i'r hufen, "fel huddyg i botas." Ie, ie; fydda dy dad, druan, ddim yn gadael i'r defaid fynd i'r ŷd, nac i fuwch Siôn Pirs dorri i'r weirglodd. Ni fydda raid imi ei ddondio fo ond dengwaith yn y dydd. Robin, os cest ti ddigon, dos â'r hwch a'r perchyll i gae tan tŷ. Ie, ie; am dy dad, druan – coffa da amdano – pan fyddwn i yn ei ddondio, "Aml bai lle nas cerir," meddai yntau, yn ddigon digyffro. Ac yntau yn gwybod o'r gorau fy mod yn ei garu. Ond ni ddeudais i 'rioed wrtho fo, chwaith, fy mod i yn ei garu. Colled fawr i mi oedd ei golli o. Does neb yn edrych ar ôl yr anifeiliaid fel y bydda fo, nac yn gofalu am dalu'r rhent, a dŵad â phresent o own newydd imi o ffair y blodau, a theganau a fferins i tithau pan oeddit yn blentyn bach. Ond, fel y dywedodd Louis Napoleon wrth y Pab, "y mae rhyw gath yng nghwpwr' pawb."

Daeth Marged Llwyd o'r llan,
  A Beti Huws y mynydd,
Ar *visit*, yn y man,
  I yfed te yn ddedwydd:
Roedd yno gacen gri,
  A *thoast*, a bara surgerch,
A'r te yn llifo'n ffri,
  A'r gwragedd yn ymannerch.

O amgylch y ford gron
  Yr oeddynt oll yn dwndro,
A Mari'r forwyn lon
  Mewn ffwdan mawr yn tendio:
Ni chlywsoch yn eich dydd
  Fath sŵn a thrwst a lolian;
Mwy chwim na gwennol gw'ydd
  Oedd tafod Modryb Modlan.

*Modryb Modlan:* Pwy oedd yn yfed te yn Tŷ Tan Llan ddoe? Dyna fel y mae nhw. Y mae yno rywun yn yfed te beunydd. Does ryfedd iddyn nhw fissio talu'r rhent. Yn cynnwys pob math o bethau i lolian a hel yn eu boliau. Dowch, Marged Llwyd bach, cwpaned arall. Mari, dacw'r gacen gri yn mynd yn golsyn ar y radell. Ni welis i 'rioed dy fath di. Tro hi mewn munud, hai, brysia. Tipyn chwaneg o dost i Betti Huws. Dowch, Marged Llwyd, bwytwch yn *hearty*. Mari, tyrd â'r plât a'r tost oddi ar y stôl haearn, a dyro fo ar y bwrdd. Wele, hai; dyna th'di wedi torri plât eto. Ni welis i 'rioed â'm clustiau beth mor drwsgwl â th'di. Wyt ti yn meddwl fy mod i yn cael y platiau am ddim? Ni chlywodd neb â'i lygaid hanes dy fath di. Mi gei fis o *warning*, oni thendi, gei di weld. Dowch, Marged Llwyd bach, bwytwch, da chwi. Er fod popeth yn ddrud ofnadwy, y mae i chwi gan' croeso er hynny. Mari, be'r wyt ti yn llygadrythu fel yna. Eisiau torri plat arall sydd arnat ti? Tendia ar y gwragedd, a phaid â chlustfeinio fel yr hwch yn yr haidd. Does dim eisiau i ti wrando'r stori. Ac fel yr oeddwn i yn dweud, pan oeddwn yn hogen, byddai Neli Siôn yn ofnadwy am dynnu gwrychoedd, hel priciau, dwyn polion, a phethau felly, i wneud tân. Ryw dro, yr oedd hi wedi meddwl cario llidiart Bodchwil adre'n danwydd, ond yr oedd y llidiart yn rhy drom i'w chario. Fe ganodd f'yrth Edward y Saer iddi hi fel hyn:

"Llidiart Bodchwil sydd yn fy nghrugo,
  Oherwydd ei bod hi'n fawr a throm;
Baich o bolion o wrych y Felin
  A gymra' i yn ei lle hi'n llon."

Prydydd da iawn oedd f'yrth Edward, welwch chwi. Ac fel y dywedodd Llywarch Hen, neu Meurig Idris, wrth Lord Palmerston,

"Ym mhob gwlad y megir glew."

Mari, hai, chwaneg o ddŵr yn y tebot. Ie, ie, Marged Llwyd, yr oedd Lowri Prys yma ddoe yn dweud fod ei mab yng nghapel yr Offt ddywsul diweddaf. A meddwn innau, ni waeth iddo fo fynd i'r fan yna na llusgo 'i hen bregeth i gapel y Garnedd, am hynny o les y mae o'n wneud iddo'i hun nag i neb arall. Dowch, Beti Huws, bwytwch, da chwi. Cwpaned arall o de, Marged Llwyd. Y mae nhw'n dweud fod gan Betsan Puw blentyn o Jack Deio. Wfft i'r hen slwt. Yr oeddwn i yn meddwl mai dyna fel y bydda hi: yn cyrlio'i gwallt, yn ymbincio, ac yn llygadu y llanciau yn y capel yn lle gwrando ar y bregeth. Yr hen sopan ddrwg. Ond druan oedd hi. Mi gollodd ei thad a'i mam pan oedd hi yn eneth bach, ac nid oedd neb i ofalu amdani hi, neb i'w chynghori. Ac felly hi gwympodd. Druan oedd hi, druan oedd hi. Wel, wel, drwy serch y llithiwyd Efa, ac felly daeth pechod i'r byd. Ac fel y dywedodd Siôn Tan y Graig, "y mae balchder bob amser yn rhagflaenu cwymp."

## ERGYD Y CANTO

Ar ôl y cwbl, gwell yw calon dda ynglŷn â thymer ddrwg, na thafod esmwyth, ffals, ynglŷn â chalon ddichellgar.

# Y Pedwerydd Ganto ar Bymtheg, sef Canto'r Awen

Erato, Thalia, Clio, ac Euterpé,
    Awenau'r Groegiaid yn yr amser gynt;
Dewch gyda'ch cares nwyfus Aphrodité
    I helpio chwaer sy' bron â cholli'i gwynt,
Wrth ddringo gyda brys i gyrraedd safle
    Ddewiswyd imi ar anhwylus hynt,
Gan Tal, yn ôl ei fympwy, neu ffolineb,
Nid gyda barn, na thegwch, na doethineb.

Oblegid mae y byd i gyd o gwmpas
    Dan fantell wen o eira cannaid Ionawr:
A'r rhew yn frenin cethin ar y deyrnas,
    Yn llywodraethu popeth ar ddaearlawr;
Gwynfrigog yw y llwyn – y môr yn ddulas,
    A llwyd yw llongau ar ei fron eangfawr:
Mae'r hin cyn oered â phenelin merch,
Neu galon cybydd, neu ddiffoddiad serch.

Anhygar yw y coed a llwm yw braenar,
    Mae'r egin mân ynghlo nes dêl y Gwanwyn;
Mewn llwyni, llafar gwynt a distaw adar;
    Ond dedwydd annedd lle bo merch a thelyn,
A chornel glyd wrth dân yn fflamio'n llachar,
    A bara, cawl, a chig, a chaws, a menyn,
A diod gadarn i adfywio'r galon,
I lonni galar a dileu gofalon.

Y mae yr hin yn oer, a minnau'n rhynnu
　　Ar ben y mynydd yn y rhew a'r eira;
Gwrthododd Tal yn lân i ddod i fyny;
　　Mae yn y llan ym mysg cwmpeini smala,
A minnau'n rhincian dannedd ac yn crynu,
　　Ac yntau'n cael o *wit* a *sport* ei wala;
Y lloniant iddo ef, y boen i mi,
Mae hynny'n llawer gwaeth na phobi'n gri.

Mae arnaf flys ystrancio yn lle canu,
　　Neu fynd i San Francisco at Cuhelyn,
A gadael Tal heb undyn i'w ddiddanu –
　　Pan gyll ei Awen, cyll y gwalch ei delyn;
Ei *wit* a'i ddawn yn sydyn wnânt ddiflannu,
　　A bydd fel Samson gawr yn nwylo'r gelyn,
Yn sbort i'r Beirdd deimlasant rym ei sen,
A mawr a mân yn chwerthin am ei ben.

Amddifad fydd ar ôl fy ngholli i,
　　Yn llegach gwael, digalon, a di-ysbryd;
A dweud y gwir yn onest wrthych chwi,
　　Parhad o boen a blinder yw ei fywyd:
Di obaith yw, pruddglwyfus yw ei gri,
　　Yn synfyfyrio ac yn ofni adfyd;
Yn barnu ac yn beio ei wendidau,
Ac edifaru am ei ffolinebau.

Ond tawn â sôn – mae gofid ac anhunedd
　　Yn llethu dynol ryw ar wyneb daear;
Teyrnasoedd byd, cenhedloedd yn eu gwaeledd
　　A deimlant ddyrnod gorthrwm er eu galar:
Cybolfa o genfigen ac eiddigedd
　　Ym mhobman sydd ymhlith y gwâr a'r anwar;
Tylodi, helbul, a phob drwg ysgeler,
A phwys o ofid am bob owns o bleser.

Y "trechaf treisied, gwanaf gwaedded," yw
   Y rheol drwy y byd i gyd yn gyfan;
A gresyn fod calonnau dynol ryw
   Mor ddidrugaredd yn eu gwŷnau aflan;
O dynged greulon, Ow na fedrem fyw
   Heb werthu'r naill a'r llall am aur ac arian:
Mwy gwerthfawr gennym aur na chig a gwaed
Y gwael dylodion fethrir dan ein traed.

O! Duw a helpo'r tlawd yng nghanol oerfel
   Y rhew a'r eira sydd i'w amgylchynu;
Mae'n rhynnu ac yn crynu yn ei gornel,
   A llwm ei aelwyd, cwpwrdd, bwrdd, a gwely,
A llwm ei ddillad, gwan ei galon isel,
   A gwaew ac afiechyd bron â'i nychu:
Heb obaith cysur, ac heb obaith hedd,
Nes cysgu'n dawel yn ei ddu-lwm fedd.

Cyffrowyd Dinbych â digwyddiad dwys,
   Y fam, y ferch, a'i baban bach yn trengi
O eisiau bwyd, a gwall amgeledd glwys,
   Ar ôl dioddef tlodi yn newynu;
Y maent yn awr yn gorwedd dan y gwys,
   A'r dref, yng ngofid braw, yn edifaru –
Rwy'n teimlo'n isel ac yn dweud yn syn,
Y mawr drugarog Dduw, pa beth yw hyn?

Dioddefasant helbul mawr a blinder
   Yn ddigwyn a di-achwyn yn eu bywyd;
Y tystion oll a'r rheithwyr yn eu trymder
   Deimlasant hyn mewn gofid dwfn a phenyd;
Ond clown y drws ar stori mor ysgeler,
   Sy'n hulio'r galon ag iselder ysbryd
Pob parch i'r Crŵner roddaf fi fy hun,
Mewn gwir ddyngarwch cafwyd ef yn ddyn. [*]

---

[*] Evan Pierce, crŵner (a maer) Dinbych; enwog am ei ddyngarwch.

Mor anhawdd yw amgyffred trefn rhagluniaeth,
    A ffyrdd yr Hollalluog Dduw at ddynion;
Rhyw lafur trwm a chur a chosbedigaeth
    Sydd inni oll yn gymhleth â thrallodion;
Afiechyd, gofid, blinfyd, galar, alaeth,
    I ostwng balchder ac i geulo'r galon;
Nid oes i'r gwych a'r gwan ar ôl eu geni
Ond gwynfyd gwael yn gymysg â thrueni.

Truenus fu y byd er amser Adda,
    Truenus fydd o byth tra pery dynion
I reibio cyfoeth, ffraeo, a rhyfela,
    Gan godi gwrid i hulio gwedd angylion;
Mae twyll yn nythu yn y galon lana',
    Ac uffern yn y galon ffals anffyddlon:
Dyhiryn yn ei gamwedd lawenhâ,
A mynych mae y drwg yn trechu'r da.

Mae anwybodaeth a drygioni dyn
    Yn troi y byd yn ffau i greulonderau;
Ac ym mhob parth mae trais a gwarth a gwŷn
    Yn hyrddio miloedd i gref grafanc angau;
Rhyfeloedd gwaedlyd, heintiau tost ynglŷn
    A lluchedennau wnânt eu celaneddau
Yn aberth fawr i dynged – nid oes hedd
Yn unman yn y byd ond yn y bedd.

Er hyn i gyd, a llawer mwy na hyn,
    Anghyfnewidiol ddeddf sydd i'r tymhorau;
Daw'r Gwanwyn i adfywio dôl a glyn,
    A'r Haf a'i hyfryd fron yn frith o flodau;
Y llawn Gynhaeaf chwardd ar bant a bryn
    Yng nghanol haidd, a cheirch, a heirdd wenithau,
I lenwi ydlan, sgubor, llofft, a granar –
Pan ddaw y Gaeaf oer fe gwsg y ddaear.

Mae'r gogoneddus Haul yn gwenu'n siriol
    Ar wych a gwael, ac ar y doeth a'r annoeth;
Ysblennydd gawr yn rhedeg gyrfa nefol,
    Heb hidio dim am dlodi nac am gyfoeth;
Drwy bedwar ban y byd mae plant daearol
    Yn hoffi gweld ei wyneb glân eiriasboeth:
Anghyfnewidiol a thragwyddol yw,
Ac ef yw pennaf gynrychiolydd Duw.

A Banon dlos y nos, y lleuad wen,
    Fenthyca wawl o wyneb teg yr Huan;
Pruddglwyfus yw ei gwên yn entrych nen,
    Fel pe'n flinedig ar ei phen ei hunan;
Fel gwyryf gain bydd weithiau'n gwisgo llen
    O gymyl gwynion gyda ridens arian;
Waith arall bydd yn cilio'n llwyr o'r golwg,
Rhag iddi weled pechod byd a'i fawrddrwg.

A myrdd o sêr ddisgleiriant megis gemau,
    I harddu mantell asur y ffurfafen;
Tryloywon ydynt yn yr eangderau,
    Perlau a deimonds Duw yn pefrio'r wybren –
Astronomyddion ddwedent bod nhw'n heuliau
    I fil o fydoedd fry tu hwnt i'r heulwen –
Sisiala'r Greadigaeth yn fy nghlyw,
Mawr a rhyfeddol yw gweithredoedd Duw.

Ac mewn cymhariaeth, beth y'm ni yn awr?
    Cre'duriaid gwaelion, llawn o boen a blinfyd,
Yn byw am ennyd bach ar ddaear lawr,
    Annedwydd, hyd yn oed yn ein dedwyddyd;
Ac angau megis anorchfygol gawr
    A'n tyr i lawr yng nghanol rhwysg ein bywyd:
Er iechyd, hyder, balchder, dysg, a dawn,
O'r pridd y daethom, ac i'r pridd yr awn.

# Yr Ugeinfed Ganto: Ecclesiastes

Fy awen annwyl, dyma'r canto olaf
    A nyddir gennym ni ar Lofft y Coryn;
Pa un ai'r lleiaf, mwyaf, ffolaf, doethaf?
    Pa un ai wermod fydd, ai mêl, ai menyn?
Ni pherthyn inni farnu; o'r hyn lleiaf,
    Ni fynnwn wyro barn i blesio undyn;
Dilynwn Solomon yn ei ehediadau,
Gŵr doeth arbennig yn ei ddywediadau.

Athronydd gwych a gweuwr diarhebion,
    Pregethwr doeth, ond carwr annoeth hynod;
Diguro ei gynghorion dwys i ddynion,
    Ond ffôl ei ymddygiadau at fenywod;
Adwaenai gryfder, gwarth, a gwŷn y galon
    Gwell inni stopio – os dywedwn ormod,
Gwna coeg-dduwiolion, crach-grefyddwyr Cymru,
A diwinyddion bol y clawdd 'sgyrnygu.

"Gwagedd o wagedd, gwagedd yw y cwbl;"
    Oferedd, "gwagedd a gorthrymder ysbryd,"
Geir gyda helynt, cynnen, trais, a thrwbl,
    Trybini, helbul, alaeth, an-nedwyddyd:
Pob peth sy'n llawn o boen a blinder meddwl,
    Ac ni ddigonir chwantau'r doeth na'r ynfyd:
Oferedd ac ynfydrwydd yw doethineb,
Nid yw ond enw arall am ffolineb.

Cenhedloedd ddeuant, ac a ânt o'r byd,
  Ar ôl ymboeni dan ei orthrymderau;
Y treisiwr a'r treisiedig ânt ynghyd,
  Yn wael eu gwedd i hagru llysoedd angau;
Gorthrymwr creulon, adyn balch ei bryd,
  A'r gorthrymedig unant yn eu beddau;
Nid oes gogoniant, cysur, gwin, na gwledd,
I frenin na chardotyn yn y bedd.

Ac "nid oes goffa am y pethau gynt,"
  "Ac ni bydd coffa am y pethau sydd;"
Mae amser ar ei chwim-hedegog hynt
  Yn mynd â nhw i ogof angof cudd;
Mae clod yn ansefydlog fel y gwynt,
  A chyfoeth red i ffwrdd fel ffrydlif rydd;
Anrhydedd, uchelfrydedd, gobaith, gwynfyd,
Nid ŷnt ond gwagedd a gorthrymder ysbryd.

A'r hwn wna'i fyd yn ddifyr gyda gwin,
  A rhwysg, a gwledd, a gloddest, a llawenydd,
A merched glân, hudolus, felys, fin,
  Ac offer cerdd, a chân, a llên awenydd;
Ei hoen yn sydyn dry yn ofid blin,
  A phleser ymaith hed ar chwim adenydd;
A'r afiaith dry yn wermod yn y diwedd,
Hyn hefyd sydd yn wagedd ac oferedd.

A'r hwn sy'n cwyno, wylo, ac ymprydio,
  A hir weddïo ar ei liniau beunydd,
Yn cosbi'r cnawd gan dreio nefoleiddio
  Holl chwantau'r galon drwy ddisgyblaeth crefydd;
Ni wna ond ymbalfalu dan ei ddwylo,
  Gan ddychymygu fod ei fron yn ddedwydd;
Nid oes i hwnnw, mwy na'r doeth a'r ynfyd,
Ond blinder, gwagedd, a gorthrymder ysbryd.

Mae rhai yn brysur iawn yn casglu golud,
    Drwy lafur blin a chwys y corff a'r 'mennydd:
Pentyrru llwyth o gyfoeth yw eu gwynfyd,
    Gan ychwanegu stôr o'r môr a'r mynydd;
Gofalu a phryderu drwy eu bywyd,
    Yn ofni colled ac yn caru cynnydd;
Ond teimlant pan yn hen, a hurt, a charbwl,
Mai gwagedd ac oferedd yw y cwbl.

Efallai bydd eu plant yn troi'n wastraffus,
    Ac yn gwasgaru'r hyn a gynullasant;
Yn dilyn ffolinebau cywilyddus,
    A godinebu yn lle trechu trachwant;
A hoffi cwmni fagabondiaid gwarthus,
    Tra pery nwyf, a nerth, ac aur, ac ariant;
Ac wedyn daw tylodi, haint, ac adfyd,
A phoen a blinder a gorthrymder ysbryd.

Pa beth yw hyder, rhwysg, a balchder Brenin,
    Ei orsedd, coron aur, a theyrnwialen?
Ei rymus lynges a'i ardderchog fyddin,
    Ei gastell gwych a'i ystafelloedd addien?
Pan fo y ffyrnig gowt yn cnoi yn erwin,
    A scriwio ei gymalau yn ei helfen;
Pa les yn awr yw popeth yn y byd
I luddias gwaew? Gwagedd ŷnt i gyd.

Bu gynt yn adeiladu teg balasau,
    A llunio gerddi gwychion i'w ddifyrru;
Yn plannu ei winllannoedd a pherllannau,
    Ac yn ei ofer waith yn ymhyfrydu;
Ond wele ef yn awr yng ngwinedd angau,
    Yr hwn yn sydyn wna ei amddifadu
O'r cwbl oll a luniodd yn ei fywyd –
O! Wagedd, gwagedd, a gorthrymder ysbryd.

Pa le mae Nineveh a Babylon,
  Dinasoedd cain, goludog, ac ardderchog,
Prydferthwch a gogoniant daear gron,
  Palasau heirdd a themlau mil-golofnog,
T'wysogion, arwyr, milwyr, lluoedd llon
  O wŷr a gwragedd a gwyryfon bywiog,
Yn dilyn pleser ac yn hoffi mwyniant,
A gwau drwy'i gilydd yn eu gwag ogoniant?

Gwael* leoedd anghyfannedd ŷnt yrŵan,
  Y pelican a'r draenog a'u meddiannant;
Y gigfran, cywion estrys, a'r dylluan,
  A dreigiau yn eu ceyrydd moelion drigant,
Llwynogod, bleiddiaid, a fulturiaid aflan,
  Ac anifeiliaid gwylltion gyfarfyddant
Yng nghanol drain ac ysgall a mieri,
A llinyn anhrefn roddwyd ar eu meini.

A Llundain, Paris, Rhufain, a Vienna,
  A fyddant, rywbryd, yn ddiffeithwch hollol;
Dychwelant o'u gogoniant i ddiddymdra,
  Murddynnod fydd yn hulio sgwâr a heol;
Heb gyfoeth, cynnydd, bloddest na gloddesta,
  Ond yn eu lle y bydd distawrwydd oesol:
Myrddiynau o'r trigolion ânt i'w beddau,
Heb air o sôn amdanynt na'u ffaeleddau.

Wel dyma gysur braf i feibion dynion,
  Ac ergyd llym i wag ogoniant ynfyd,
A rhwysg ac uchelfrydedd pendefigion,
  A rheibwyr cyfoeth gyda'u triciau dybryd;
Gormeswyr an-nhrugarog y tylodion,
  Cybyddion crintach ac addolwyr golud:
Ar ôl pob llafur, blinder, trafferth, trwbl,
"Gwagedd o wagedd, gwagedd yw y cwbl."

---

* Esaiah, pennod xxxiv.

Canys ni bydd coffa am y doeth na'r annoeth,
   Y duwiol na'r annuwiol yn dragywydd;
Er gwynfyd, blinfyd, clod, a sen a chyfoeth,
   I'r naill a'r llall yr unpeth sydd yn digwydd;
Ac angau heddiw, fory, drennydd, drannoeth,
   Ysguba hwynt i lety di-leferydd;
Cenhedloedd eraill ddeuant i feddiannu
Eu tir a'u da, ac eraill i'w gwastraffu.

Seneddwyr, beirdd, areithwyr, a phregethwyr,
   Astudiant, ychwanegant at wybodaeth
Y nos a'r dydd, ond ofer yw eu llafur,
   Ac ofer yw pob dysg ac adeiladaeth:
Cerddorion, peroriaethwyr, a datganwyr,
   Athrylith, talent, dawn, a phob rhagoriaeth,
Llawenydd, mwyniant, pleser, hoen, a gwynfyd,
Nid ŷnt ond gwagedd a gorthrymder ysbryd.

A gwagedd yw barddoni a phrydyddu,
   Pa les i ni yw clod, na pharch, na geirda!
Ffarwel, fy Awen annwyl, byth ond hynny
   Ni chanwn ganto ar y mynydd yma:
Cenfigen ac eiddigedd geir am ganu,
   Ac anghlod ac anghysur ddigwydd amla',
A gofid calon ac anhunedd meddwl –
"Gwagedd o wagedd, gwagedd yw y cwbl."

# Cerddi eraill a gyfansoddwyd erbyn 1855

## Cwyn y Bardd

*"Llefain yw berf oferfardd,
Llwyr wae! Ni chwarae, ni chwardd."*
— Dafydd ap Gwilym

Mae'r hedydd yn ddedwydd, a'i galon yn lân,
A minnau'n annedwydd, anghelfydd fy nghân:
Cwyd ef yn hyderus a nwyfus i'r nen,
A minnau'n bruddglwyfus ac isel fy mhen.

Aderyn wybrennol, mae'n dduwiol ei ddawn
Mor gynnar y bore a hwyr y prynhawn,
Mae miwsig yn llifo o'i fynwes yn ffri;
Dedwyddach o'r hanner yw hwn na myfi.

Mae galar i'm gwylio ble bynnag yr af,
Mae rhew yn fy mynwes yn nghanol yr haf:
Mae'r heulwen yn ddisglair a'r ddaear yn werdd,
Er hynny mae niwl am fy nghalon a 'ngherdd.

Rwy'n boddi mewn pruddglwyf di-lwydd a di-les,
Heb feinwen i'm llochi drwy gariad a gwres:
Amddifad wrth gwyno wyf heno fy hun,
Heb obaith, anwylder, na mwynder, na mun.

Heb wadu dywedaf a seliaf yn siŵr,
Mai crwydryn anynad heb gariad yw gŵr:
Creadur blinderus, anhapus ei nod,
Heb wraig yn ei barlwr, nac aur yn ei god.

# Cwymp Llywelyn

(Fel y dychmygir i'w Fardd ganu wedi
marwolaeth y Tywysog. Tôn: *Toriad y Ddydd*)

Orenwog wlad fy nhadau, mor annwyl i mi wyt
A'r haul sy'n siriol wenu'n awr ar Ddyffryn clodfawr
    Clwyd;
Pa le mae haul dy lwyddiant, dy ryddid, a dy hedd?
Machludo wnaethant oll pan roed Llewelyn yn ei fedd.
Nid oes yn awr ond gormes; a di-les ydyw'm dawn,
A di-les yw fy awen fwyn, a chwyn fy nghalon lawn;
Ein parch a'n bri a chwalwyd ar daen i'r pedwar gwynt,
A'r Saeson sy'n rheoli gwlad y dewrion Gymry gynt.

Yng nghanol tincian arfau, bonllefau, caniad clych,
Mae'r gelyn cryf yn gwledda yn ei gastell cadarn gwych,
Yn llawn o rwysg a hyder. O! Ofer yw fy nghân,
Ac ofer yw fy nhelyn fwyn, a swyn ei thannau mân;
Mae 'nghalon i dan gwmwl, a'm meddwl sydd yn brudd,
Fy mynwes yn ofidus iawn, a dagrau ar fy ngrudd:
O! Annwyl wlad fy nhadau, nid oes i mi ddim hedd,
A gwywo wnaf o ddydd i ddydd nes syrthiaf i ddu fedd.

# Y Byd

Heb ardduniant barddoniaeth – nid yw'r byd
    Ond rhyw bydew diffaith;
  Dwl a bawlyd helbulaeth
  I chwyn o ddynion di-chwaeth.

# Hiraeth-gân am Lanfairtalhaiarn
(Tôn: *Mary Blane*)

Er cael pleserau o bob rhyw,
   A byw mewn hufen byd;
Ni roddant imi fawr o hedd,
   Ond gwagedd ŷnt i gyd:
Pa les i mi yw rhodio'n rhydd
   Ar hyd y gwledydd glân!
Pa fodd y gwnaf ymlawenhau
   A'm ffrindiau ar wahân?
      Fy nghalon dirion lam o hyd
         I'r dyffryn clyd lle'm ganwyd i:
      Anghofier fi gan bawb drwy'r byd,
         Os byth anghofiaf di.

Rhyw hudol fwyn hyfrydol fan
   Yw'r llan ar fin y lli;
Melysol ydyw cwafriol gân
   Hedyddion mân i mi:
O lawnder calon bronfraith lân
   Gogleis-gân ddiddan ddaw,
A pheraidd gwyn y fwyalch fwyn
   O gwr y llwyn gerllaw;
      Fy nghalon dirion lam o hyd, &c.

Rhoir clod i Lundain gain ei gwedd,
   A'i mawredd ym mhob man;
Er hynny hoffwn fyw yn rhydd
   A llonydd yn ein llan.
Cawn yno groeso gan fy Mam,
   Heb ofyn pam y dais;
Na'r achos imi droi yn ôl
   O siriol wlad y Sais.
      Fy nghalon dirion lam o hyd, &c.

Er cael cyfeillion rif y sêr
   A mwynder ym mhob man,
Hiraethu wnaf am fynd yn ôl
   I'm genedigol lan:
Cael eiste'n ymyl aelwyd hardd
   Fy Mam, yn Fardd o fri,
Yn nghwmni bechgyn bochgoch iach,
   Mil mwynach yw i mi:
      Fy nghalon dirion lam o hyd, &.

Nid oes i mi ond gofid dwys
   Wrth fyw dan bwys y byd;
Rhyw oerfel drwy fy mynwes draidd
   A gwelwaidd yw fy mhryd:
Er holl bleserau'r ddaear hon
   Ni fydd fy mron yn iach,
Yn unman arall dan y ne',
   Ond yn ein pentre bach:
      Fy nghalon dirion lam o hyd, &.

Pe cawn adenydd c'lomen deg
   Chwim hedeg yno wnawn –
Dros fryn a dyffryn, dôl a gwaun,
   Ymlaen, ymlaen yr awn,
Nes imi fynd i'r dyffryn glwys
   Heb orffwys ar fy hynt;
Ond hedeg wnawn i'r hyfryd fan
   Yn fuan fel y gwynt:
      Fy nghalon dirion lam o hyd, &.

# Molawd y Cwrw

(Tôn: *Glân Meddwdod Mwyn.*)

Mi gana'n ddigynnil i'r baril a'r bir,
Tad dedwydd pob ffwndwr a dwndwr ar dir;
Llyw annwyl llawenydd yw beunydd heb ball
I'r doeth ac i'r annoeth, i'r ffôl ac i'r call.
    Canmolwn y cwrw a seiniwn ei swyn,
    Cysurwr y galon a lliwiwr y trwyn;
    Gogoniant y tafod yw glân meddwdod mwyn.

Fe gwyd yr anghenus truenus trwy hwn
Ei goron i gariad, a siarad, a sŵn;
Gofalon, helbulon y gwaelion a'u gwall
A yrr, yn ei fendith, i felltith y fall.
    Canmolwn y cwrw, a seiniwn ei swyn,
    Cysurwr y galon a lliwiwr y trwyn;
    Gogoniant y tafod yw glân meddwdod mwyn.

Gadewch i bendroniaid a ffyliaid y ffair,
A merliwn y mawrlid ei erlid ar air;
Ond boed i bob prydydd, ŵr dedwydd ar dir,
Gael llyncu ei wala o'r bara a'r bir:
    Canmolwn y cwrw, a seiniwn ei swyn,
    Cysurwr y galon, a lliwiwr y trwyn;
    Gogoniant y tafod yw glân meddwdod mwyn.

# Rhyfel-Floedd 1854

Dewch, chwifiwch Faner Prydain
    Mewn gogoneddus fri,
Uwch bryn a phant a glyn a nant
    Drwy'n Hynys annwyl ni:
Fe glywir murmur rhyfel
    Dros fôr a mynydd ban;
A'r awel rydd a seinia'n brudd,
    Mae'r cryf yn treisio'r gwan.

Gogoniant Prydain enwog
    Yw noddi'r llesg a'r gwan:
Hi wna i'r Arth gusanu gwarth
    Am reibio mwy na'i rhan:
Pan chwythir utgorn rhyfel,
    Ai Prydain saif yn ôl?
Na, na, mewn awr, myn Arthur gawr!
    Maluria'r gweilch di-rôl.

O'r wain fe naid ei chleddyf,
    Syrffedir ef â gwaed,
Pan dyr i lawr ormeswr mawr
    A threiswyr dan ei thraed:
Bydd Dewrder yn llawennu
    Uwch ben cyflafan dost,
A Rhinwedd yn galaru –
    Ond – pwy a dâl y gost?

# Molawd Cymru
(Tôn: *Difyrrwch Gwŷr Harlech*)

Henffych well i wlad fy nghalon,
Llwyddiant iti Gymru dirion;
Bendith i dy feibion dewrion
   A dy ferched glân:
Peraidd yw dy hynod hanes
I wresogi serch fy mynwes;
Tra bo 'ngwaed yn llifo'n gynnes
    Caraf wlad y gân:
Annwyl wlad fy nhadau
Caraf dy fynyddau,
Creigiau gleision uwch y nant
    Ymwelant â'r cymylau;
Dolydd a dyffrynnoedd ffrwythlon,
Ffrydiau clir a llynau llawnion,
Adlewyrchant flodau tlysion
    Yn eu dyfroedd glân:
Hiraeth sydd i'm llethu
Am anwylion Cymru;
Ow na chawn fy mhwrs yn llawn
    A chred a dawn i'm denu
Adre'n ôl i blith fy nheulu,
A chyfeillion i'm croesawu:
Yn olynol gwnawn foliannu
    Cymru, gwlad y gân.

Mil melysach i fy nghalon
Na mwynderau gwlad y Saeson,
Cig a gwin, a da, a digon,
    Ydyw gwlad y gân:
Nid oes modd i 'ngwên lawenu
Tra bo f'enaid yn hiraethu
Am fynyddoedd cribog Cymru,
    A'i dyffrynnoedd glân:
Nid y llawn heolydd,
Mwg a thwrf y trefydd,
Nid y byd, a'i olud drud,
    Sy'n dênu bryd y prydydd;
Ond afonydd, gwyrddion ddolydd –
Sŵn yr awel yn y coedydd –
Cymau – glynau – bryniau – bronydd –
    Cymru, gwlad y gân:
Cara'r oen y ddafad,
Cara mun ei chariad,
Cara'r cybydd bwrs yn llawn;
    A dyn a dawn ei dyniad:
Cara'r babi fron ei fami,
Caraf innau'r wlad 'wy'n foli –
Duw a ŵyr mor annwyl imi
    Ydyw Cymru lân.


## Beddargraff Hugh Morris
(Llanfairtalhaiarn)

Ofer yw balchder y byd – ac ofer
    Ei gyfoeth a'i wynfyd;
  O ŵydd angau ni ddiengyd
Yr iach ei fron na'r ucha'i fryd.

# I Eben Fardd (Cywydd y Cymod)

Eben Fardd, pe bawn furddyn
Heb gariad, heb deimlad dyn,
Heb wên, heb awen a'i bywyd,
Mewn dyrys anfoethus fyd,
Dy glod rhydd, dy gywydd gwych,
Geiriad o deimlad gorwych,
Greai gariad llâd, llydan,
A hoenau fyrdd yn y fan
Lle ceidw Tal ei galon
Yn ei chwyddog frydiog fron.

Os briwais, os duais di
Â chwaeg-naws drwg a choegni;
Os trywanais trwy enwi
Chwedleuon d'elynion di;
Yr oeddwn o ymroddiad
Yn sur iawn o dan sarhad
A ges ym Môn i'm mòni,
(Taw, taw, nid gennyt ti);
Wedyn yn uthr ymruthrais
I ganol drwg a gwŷnol drais –
Nwydau a geiriau gorwyllt,
"Yn abl gawr fel ebol gwyllt;"
Gan gicio ceirdd beirdd y byd,
A hifio'r barnwyr hefyd;
Rhoi sawdl ar f'Awdl er f'edliw,
Rhwygo'i llyfr a rhegi ei lliw;
Es yn siŵr fel gŵr o'i go',
O'm bodd rywfodd i rafio;
I gornio fel rhyw "garnol
A dynnai fyd o dan ei fol."

Dofais a sadiais wedyn,
Dewiswn dda, dois yn ddyn;
I Ddofydd cyfaddefais
Mai drwg drwg oedd y drwg drais;
Yn chwai fel peth fynnai fod,
Wedi y cam, deuai cymod;
Yn was teg maddeuaist di,
Drwy barch, fy amharch imi.

Yr ysgwyd llaw draw a drodd
Y galon unwaith geulodd,
Gan sura fwg yn Sir Fôn,
At dy iaith a'th waith weithion;
Ond cefais enaid cyfiawn
Gŵr yng Nghlynnog enwog iawn;
Yn hylwydd t'wynai heulwen,
Ddoniol wawr, dy ddenol wên,
Nes hudo'm bron i lonni
Yn deg yn dy gwmni di.
Teg ffenestr yw gonestrwydd,
Golau'n rhad i galon rwydd,
I addef beiau iddi
Yn ffraeth, er cael maddau'n ffri;
Mae addewid maddeuant
Bob hoff lu i bawb o'i phlant.
Gwell yn ei chell a challach,
Er ewyn byd i'r awen bach,
Garu a pharchu ei pherchen,
Na beiddio'r lleyg na baeddu'r llên.
Gwell yw iddi'n gall heddiw
Daenu budd i bob dyn byw,
A chyrraedd yn ei chariad,
A doeth lais, fendith y wlad,
Ag eurddawn, rhodd y Gwirdduw,
Yn gadwyn rhwng dyn a Duw.

# Yr Eos a Minnau

Llif o wawd a llef wiwdeg
A roes Duw i'r Eos deg.
Gyda'r côr yn telori,
Dihafal, gan Tal, wyt ti:
Llafar mysg adar ydwyd,
Duwies lon wyd, Eos lwyd,
Yn goethlais, nefol gethlydd,
I daenu gwawd yn y gwydd;
Difalais yw dy foliant
A phader dy fwynber fant:
Wyt ddiddan organ eurgerdd,
Delyn wiw is deilen werdd;
Daw o'th fin win awenydd,
A hynaws dôn nos a dydd:
Llawn yw'r gwyrddlwyn mwyn ym Mai
O glod dy dafod difai;
Y sain nwyfus sy'n nofiaw
Yn llon ei drefn o'r llwyn draw:
Ni wna sêl angel yngan
Bereiddiach amgenach gân.

*Encore* i'th *amor* emyn,
A'i swyn daw i synnu dyn:
O'th fêl nod, O! Dod, da di,
Hawddamor a hedd imi:
Aderyn bach dyro i'n byd
Nod addien i ddedwyddyd:
Dere'n awr â dyri nwyf,
Gwrando wrth rodio'r ydwyf
Ar dy gân, y fwyna'n fyw,
A dy gwafriad digyfryw.

Ai gwynau serch sy'n erchi
Di ail dôn dy alaw di?
Os felly, is afallen,
Pêr gwafria a gwysia Gwen;
Amora dy gymhares
Eto, y lwyd, gwna it' les;
Cân o wydd, cwyna iddi
Hofflais hoen i'w phlesio hi;
Hi wrendy dy gywreindeb
A gwynau nwyf, os gwna neb.
Eos fwyn ai oes funud
Dyrys anfelys i'th fyd?
Y dlos mae'r nos yn nesu,
A gwên dwn yn ei gŵn du:
Efo y gwawl af o'i gwedd
I fy unig gyfannedd,
Lle nad oes merch i'm serchu,
Na dawnus gân dynes gu,
Na phlant, na mwyniant meinwen –
Iasog wyf o eisiau Gwen –
Ffarwel – mi af i 'ngwely –
Yr Eos dlos dos i'th dŷ.

## I'r Ehedydd

Yr hedydd ar wiw aden – yn swynol
   A seinia is wybren:
 Hwylia'n awr at haul y nen,
 I roi alaw i'r heulwen.

# Canig

(Tôn: *Drink to me only*)

Mae 'nghariad fel y lili lân,
    Ac fel y rhosyn coch;
Mae lili ar ei gwddw gwyn,
    A rhosyn ar ei boch:
Mae gwrid yn t'wynnu yn ei gwedd,
    A phurdeb yn ei gwên;
A gwell i'r Bardd na blodau'r ardd,
    Bydd hon yn hardd yn hen.

Ond bèr yw oes y blodau cain;
    Y lili syrth i lawr,
A'r rhosyn tecaf yn yr ardd
    A gyll ei wiwlwys wawr:
Pan fyddant hwy heb lun na lliw
    Yn wyw mewn isel fri;
Ni wywa henaint flodau serch
    Y ferch a garaf fi.


# Y Gwir

Geiriau gwar y gŵr geirwir – a'i ddoniau
    Gan ddynion a berchir;
Di-rinwedd ydyw'r anwir –
Mewn byd ni'm gweryd ond gwir.

## Gweddi a Chyffes

Oferedd, gwagedd, a gwegi – cariad
    I'r cwrw a meddwi;
 A mawredd fy nghamwri,
 O! Dduw mawr, maddau i mi.

Duw Dad mwyn, O! Dod, dod i mi – gu-ras
    I'm gwared rhag meddwi;
 O! Lyw fy nghred, clyw fy nghri
 O'r ddwyfron ar awr ddifri !

Nid oes im' hedd wrth feddwi – os ebrwydd
    Y sobraf o ddifri,
 Mwy grasol gwnaf ymgroesi,
 Duw, Iôn, Dad, yn dy enw Di!


## Yr Enfys
### (Byron)

Newidia'i lliw y nef gamelion,*
    Awyrol faban tarth a llewyrch haul,
A gaed mewn porffor ac ysgarlad liwion;
    Trochwyd mewn aur tawdd ei gwiwlwys ael,
Disgleiriai fel prif addurn pabell wiwlon,
    Cymysga hon ei hynod liwiau hael
Fel llygad du ar ôl rhyw ffrae anniddig,
Rhaid inni baffio weithiau heb y menig.

---

\* *Gamelion:* Madfall sy'n newid ei liw (Saes. *Chameleon*)

# I Ellis Roberts (Eos Meirion), Telynor Tywysog Cymru
(cyfieithiad o gerdd Felicia Hemans)

Telynor! Ti a dynni dân
Eneidiol byw o'r tannau mân;
Dy delyn yn dy ddwylo chwardd
Yn llawn o ysbrydoliaeth Bardd –
Na atal y melysol swyn
Sy'n hidlo o dy Delyn fwyn.

Ti yrri ofal o bob bron,
A phrudd-der dwys a wnei yn llon,
Dy geinciau pêr sy'n dofi gwŷn,
Ac yn llareiddio nwydau dyn:
A deigryn serch a chalon lawn
A ddotiant ar dy ryfedd ddawn.

Gorhoffedd Gwalia yw dy dôn;
Ni bu gan holl Dderwyddon Môn,
Na'r Beirdd a laddwyd yn eu bri,
Amgenach gerddor na thydi –
Gogoniant Meirion yw dy gân;
Gorfoledd pawb drwy Gymru lân.

Athrylith gyda nefol chwaeth
A ddeffry hoen mewn calon gaeth;
A'r Delyn yn dy ddoniol law
Liniara lid – lonydda fraw –
A'r Awen gyda serchlon wên
A gara iaith dy Delyn hen.

O dan dy fysedd seinia'r tant
Fel sŵn y corwynt uwch y nant,
Ac wedyn, fel awelon Iôn,
Yn suo pêr Eolaidd dôn,
Neu Dylwyth Teg yn eilio cân
Wrth ddawnsio 'mhlith y tannau mân.


# Y Bard yn Serchglwyfus
*(Love's Philosophy* – Shelley)

Y ffrydiau grisialaidd ymunant â'r afon,
    A'r dyfnion afonydd ymunant â'r môr:
Ystormydd a gwyntoedd a thyner awelon
    Gofleidiant ei gilydd yn ngwyddfod ein Iôr;
Holl natur a ddengys anwylaidd dueddiad
    I gyd-ymgysylltu: ei deddfau i mi
Yn eglur ddangosant ymunant â chariad –
    Paham, fy anwylyd na unir nyni?


Yr uchel fynyddoedd gusanant y wybren,
    Y tonnau ymunant mewn swyn ac mewn si;
Y dwyfol oleuni gofleidia'r ddaearen,
    Pelydron y lleuad gusanant y lli;
Ond pa les i mi ydyw'r holl ymgusanu?
    Di-enaid a di-les yw'r nwyfiant a'r gwŷn,
A diwerth yw popeth a welaf o'm deutu,
    Os na chaf gusanu gwefusau fy mun.

## Castellog Greigiau Drachenffels
(Byron)

Castellog greigiau Drachenffels
    Ymguchiant uwch y lefndeg Rîn,
Hyd lennydd hon mae ffrwythlon eirdd,
    A gwinwydd dyfant hyd ei min,
A bryniau lle tyf blodau heirdd,
    A chaeau lle ceir ŷd a gwin,
A ffrydiau, fil, grisialaidd deirdd
    O'r nentydd pell a'r clogwyn blin:
Ond llawer mwynach faent i mi
Pe cawn dy annwyl gwmni di.

Rhiänod rodiant yn y geirdd,
    Hyd fröydd paradwysol Rhîn,
Ac yn eu dwylo flodau heirdd,
    Amryliw dlysau'r hafaidd hin;
Gwyn-galchog drefydd, teiau Beirdd,
    Murddunnau Cestyll hyd ei min,
Gwyrddleision lwyni heirdd, a cheirdd
    Yr adar mad yng ngwlad y gwin;
On can' mil mwynach faent i mi,
Pe cawn dy annwyl gwmni di.

Rwy'n gyrru iti lili wen
    Er mai gwywedig ydyw hon,
Ac er mor isel yw ei phen,
    Caiff nythle ar dy serchlon fron;
Bu'n hoff i mi, bydd hoff i ti,
    Rhydd fwynder it' â llygaid llon;
Ehed dy feddwl ataf fi
    I rodio uwch grisialaidd don
Yr afon lefn, lle cefais i
Y lili i'th anrhegu di.

Yr ogoneddus afon glir
   Red drwy ddyffrynnoedd hyfryd iawn
Ac yn ei throeon drwy y tir,
   Rhyw wrthrych newydd beunydd gawn;
O'm calon chwâl bob cur a chwyn,
   I'm mynwes rhydd lawenydd llawn;
Mor hardd pob man – pob llan – pob llwyn
   Ond harddach fyddant oll, pe cawn
Fy mun i rodio 'ngwlad y gwin,
Hyd ddolydd a dyffrynnoedd Rhîn.


## Cwyn y Ferch Siomedig
*(Ye banks and braes o' bonnie Doon.* – Robert Burns)

Hyd finion dolydd gleision Clwyd
   Ceir blodau ceinion ym mhob gardd,
A'r adar bynciant yn y llwyn,
   Heb hidio 'nghwyn am lencyn hardd:
Fy nghalon dyr wrth glywed cân
   Yr adar mân mewn nefol nwy,
Yn galw i'm cof bleserau gynt,
   Ond byth ni welaf monynt mwy.

Hoff, hoff i mi fu'r blodau heirdd
   A hilient gyrrau'r geirdd yn gu,
A melys swyn yr adar mwyn
   A leisient yn y llwyn yn llu;
Cynigiais rosyn teg ei liw
   I 'nghariad gwiw – ond gwae i mi,
Ei ddryllio wnaeth, a'r pigyn aeth
   Fel saeth i 'nghalon dirion i.

# Dyffryn Clwyd

(*The Meeting of the Waters.* – Thomas Moore)

Nid oes drwy holl Brydain un dyffryn mor hardd
Â Dyffryn Clwyd iraidd, mor beraidd i'r Bardd;
Gwywedig fo 'nwyfron, fy nghalon, a 'nghân,
Os byth yr anghofiaf y Dyffryn mwyn glân.

Mae natur yn gwenu i'm denu ar dwyn,
Pa ddyffryn mor annwyl? Pa ddyffryn mor fwyn?
Haf wisgiad amryliw pob llannerch a llwyn,
A'i ffrydiau grisialaidd a'm llenwant â swyn.

Y coedydd a'r dolydd mewn mantell o wyrdd,
Heirdd lysiau a blodau fel gemau fil myrdd;
Ond er holl ogoniant y Dyffryn, a'i fri,
Mae rhywbeth mwy peraidd a mwynaidd i mi.

Bydd meinwen fy mynwes yn gynnes ei gwedd
Wrth araf ymrodio drwy'r Dyffryn mewn hedd;
Llawenaf pan welaf deg anian ei hun,
A'i thlysni'n adlewych yn llygaid fy mun.

Dymunwn gael gorffwys yn glau ac yn glyd
Ym mynwes y Dyffryn o stormydd y byd,
Yn nghwmni f'anwylyd yn hyfryd mewn hedd,
A mynd mewn tangnefedd o'r diwedd i'r bedd.

# Sôn am Ysbrydion
*Neu,*
*Huw'r gwehydd mawr, a Siôn Ifan bach*
(*Tam O'Shanter* – Robert Burns)

Pan fydd cymedrol, ddoniol ddynion,
Yn teithio tuag adre'n hylon;
A'r rhai a hoffant felys dwrw,
Yn troi i'r dafarn i gael cwrw;
Ar ôl bod yn y ffair neu farchnad,
Yn gwerthu ŷd, neu farch, neu ddafad:
Y byddwn hefo'r pot a'r bibell,
Os bydd arian yn y llogell;
Yn yfed, rafio, ac yn canu,
Mewn da fwriad yn difyrru;
Heb feddwl fawr am gychwyn adre',
Heb hidio syrthio, rholio'n rhywle:
Heb feddwl am ein gwragedd druain,
Y rhai a faent yn uchel ochain;
Neu 'fallai'n sorri, drwynau surion,
Gan ddwfn-fyfyrio gwers i'r dynion;
Neu 'fallai'n cuchio yn anghynnes,
Wrth borthi llid i'w gadw'n gynnes.

Cadd Huw hyll brawf o'r gwir a ddwedais,
Wrth deithio adre' yn ddi-falais,
O farchnad Dinbych yn bur feddw,
'Rôl gwario'i arian am hen gwrw:
Nodedig yw hen Ddinbych dirion,
Am ferched heirdd, a dynion dewrion.
O Huw, pe fuasit mor synhwyrol,
Â chymryd cyngor doeth, rhagorol,
Gan Siân dy wraig, yr hon fai'n arfer,
Dy alw'n rafiwr, yfwr ofer:
Na fedrit pe caet bunt yn wobr,

Ddim dyfod adre o'r ffair yn sobr;
Na fedrit fynd i felin Dafydd,
Heb feddwi gyda'r hen felinydd:
Na fedrit fynd â'r march i'r efel,
A phrin ei rwymo o dan yr hofel,
Na fyddai'r gof a thithau'n meddwi
Yn chwils, heb feddwl am bedoli –
Ac yn nghwmpeini yfwyr llawen,
O Lanelwy i Lyn Alwen,
Hefo pob lelo y byddi'n lolian,
Tra pery'r pres, yr aur, a'r arian.

Proffwydai Siân mewn ysbryd blin,
"Os yfi gwrw, *gin*, a gwin,
Ti gei dy losgi, neu dy lusgo,
Gan Dylwyth Teg – cei dy chwyrlio,
Drwy'r drain, a'r drysni, a'r mieri,
Drwy'r ffosydd, gwrychoedd, llynnoedd, llwyni:
Er iti gropian cei dy gripio,
A'th wneud yn wylltgi ac yn wallgo':
Neu boddi wnei mewn llif rhyferthwy,
Yn Aled neu yn Afon Elwy."

O ferched mwynion, tirion, taer,
Cynghorion mam, neu wraig, neu chwaer,
Ni chânt wrandawaid gan y dynion;
A gresyn fod y gwŷr mor groesion,
Â mynd i feddwi yn anynad,
Yn lle mud-wrando cerydd cariad.

Dechreuwn – ar ryw noswaith marchnad,
Pan oedd y nos heb sêr na lleuad,
Roedd Huw yn yfed yn ei afiaith,
Ac yn dilyn gwag hudoliaeth;
Ac yn potio ar y pentan,

A llond ei bwrs o aur ac arian:
Ac wrth ei glun yr oedd Siôn Ifan,
Yn pyncio, clwcio, ac yn clecian:
Roedd Huw yn caru Siôn yn frawdol,
A meddwi byddent yn wythnosol.
Y chwart yn llawn o'r cwrw gore,
A'r tân yn rhuo yn y simne;
Pa beth mor hyfryd dan y wybren,
 thŷ, a thân, a theulu llawen?
Roedd Huw a Siôn yn nofio'n ofer,
Yn y blasus felys bleser;
Yn dawnsio, canu, ac yn rafio –
"Ni hidiwn, dewch ag un chwart eto!" –
Roedd Siôn yn traethu chwedlau digri',
Yn fedrus, gampus i'r cwmpeini;
A gŵr y tŷ yn heini hynod,
Yn chwerthin nes ysgwyd bol a gwasgod.

Y storm chwibiana o'r tu allan,
A'r gwyntoedd gwylltion yn goroian:
Ond Huw a Siôn ni hidiant lychyn,
Am stormydd certh, na chwaith am gychwyn.

Gofalon dylion byd helbulus,
Wrth weld y ddeuddyn hyn mor hapus,
Ymfoddynt yn y cwrw a'r gwirod,
Ar ôl ymwylltio wrth eu malldod.

Yr oriau hedynt gyda phleser,
    Fel y gwenyn gyda'u trysor:
Mêl yw maswedd am yr amser,
    Fel y gwiria gwŷr pob goror.
Geill brenin fod yn anrhydeddus,
Ond yr oedd Huw yn orfoleddus;
Yn llawn o afiaeth am yr ennyd –
Tu hwnt i holl ofidion bywyd.

Pleserau ŷnt fel blodau ceinber,
Mwynhewch hwynt – gwywo wnânt ar fyrder –
Neu fel yr eira ar yr afon,
    Am funud yn wyn –
Yna ciliant fel cysgodion,
    Cymylau ar fryn –
Fel y gogleddol oleuadon,
    Y gwibiant;
Cyn ichwi braidd droi eich golygon,
    Diflannant;
Neu fel llon liwiau'r enfys loyw-lin,
Yn ymddiflannu ynghanol drycin.

Er hyn nid dyn a lywodraetha,
Ymdreigliad amser yn ei yrfa,
Na llanw'r môr, na gwynt y mynydd,
Na'r awel yn y tawel dywydd.
Pan ddaeth yr awr i gychwyn adre,
Yr awr sy'n rhannu'r nos a'r bore',
Y drymaf awr o dramwyf oriau,
I ymlwybro hyd hyll lwybrau;
Rhoed Huw ar gefn ei gaseg winau,
Och! Gwell oedd cornel glyd y simnai,
Na mynd ar gefn ei farch yn fforchog,
Ar nos mor dywyll a drycinog.

Corwyntoedd ruant yn yr awyr –
Glawogydd gleciant hyd y gwydr.
A chyflym folltau mellt ymwylltiant –
Taranau trymion a dramwyant,
Milain y rhwygant y cymylau,
Yn weis cethryn eu ysgythru –
Gallasai blentyn wybod heno,
Fod dieifl yn gweithio yn ddiflino.

Ond Huw ar gefn ei gaseg goeswen
(Ni bu ei gwell o Gaer i Gorwen)
Oedd yn gwyllt yrru a charlamu,
Yn cicio, chwipio a sbardynu;
Heb hidio'r glaw, na'r baw, na'r rhwbal,
Yn hyf heb ofn – mewn nwyf heb ofal;
Yn canu "Marged mwyn merch Ifan,"
"Ar hyd y nos," a "Hyd y wlithan;"
Ac weithiau'n edrych oddi ei ddeutu,
Rhag ofn i'r 'sbrydion ei ferthyru:
Fel hyn carlamai drwy lan Henllan,
Ac oddi yno i Gefn Beran;
Ac heibio Gallt y Boli lol;
Le taflodd Ned yr Eli'r drol:
Croesodd y nant lle boddodd Sierlyn,
Y meddw mawr – y meddwaf feddwyn;
Ac heibio'r ceubren ellyll, erch,
Lle treisiwyd tirion, dyner ferch;
A thros y rhos, lle caid (O resyn!)
Gwyn-wridog gorff mwrdredig blentyn:
A thrwy Lanefydd yn ei nwyfiant,
Ac at Blas Harri, heb un soriant:
I lawr i'r allt yr ai yn wallgo',
A Darby liwus yn chwyrlio,
A lluchio'r cerrig i bob cyrrau –
Taniant yn chwyrn o dan ei charnau:
Wel, brafo Darby bach! Buaned,
Ar hynt yr el dros bont yr Aled.

Ac afon Aled oedd yn llifo
Yn wyn-bost allan dan bistyllio;
Ac yn dyrwygo dros y creigiau,
Nes siglo'r bont a'r dwfn bentanau.
Y stormydd sgrechiant yn y coedydd,
A milain fellt yn llamu'r moelydd,

A chanwaith uwch oedd twrw'r daran,
Na'r corwyntoedd yn gorchwiban.
A Huw yn gyrru nerth y carnau,
Nes mynd i'r man lle gynt bûm innau;
Rhyw erchyll nant anynad anial,
Lle bydd tylwythi sosi'n sisial;
    A'r ladi wen,
    Heb yr un pen,
Yn neidio fel wiwer o bren i bren:
    A chorres o wrach
    Yn nyddu troell bach,
A'r edef cyn ffyrfed â llinyn sach:
    Un arall fel cath,
    Ni welid ei bath,
Am neidio, hi neidiai dri-ugain llath:
    Ar noswaith ddu,
    Y byddynt yn hy',
Yn ddychryn i bawb ddaent allan o dŷ:
    Mi glywais gan fil,
    Rhyw hanes am hil
Tylwythion a 'sprydion sy'n Nant-y-chwil.

Beth welai Huw dan ledu ei geg,
Ond haid o fân Dylwythion Têg;
A *witches* fil yn dawnsio *reel*,
Hefo ysbrydion Nant-y-chwil;
O dan eu capiau tân yn gwibio,
A Jack y Lentyrn yn helyntio;
A dieifl yn chwerthin rhwng y coedydd,
A'r coed yn dadsain eu llawenydd;
A thanbaid dân yn llenwi'r llwyni,
A'r gwrych yn ennyn a gwreichioni.

Ond dewr yw Siôn yr Heidden fwyn,
Ni hidia ruad llew y llwyn:

Ni hidia gloncwy am ddu bafl
Y gelyn, na chwerthiniad diafl.

Roedd Huw a'r cwrw yn ei gorun,
Yn gryf fel cawr, yn hyf fel corryn;
Am chwarae teg i bob dyhiryn –
Ni bradai ddiafol nac un ysbrydyn.

Ond Darby grycha'i mwng fel gwrychyn,
Dechreuai gilio'n ôl mewn dychryn;
A Huw yn chwipio a sbarduno,
A ffwrdd â Darby'n 'mlaen ag efo;
Gan fentro'n agos i'r goleuni –
O gwared ni rhag fath gwmpeini!
Ysbrydion hyllion, gwylltion, gwallgo',
Yn dawnsio, jiggio, a chwyrlio –
Tylwythion Teg yn ysgafn droedio,
Is y banciau dan ysboncio:
Pob math o hyll ysgymun luniau,
Yn gwau drwy'i gilydd hyd yr ochrau:
Dewinod – gwrachod, croenau crychion,
A lloffion diafl, a llyffaint duon;
Rhai hyllion, mawrion yn ymwrio,
Yn neidio, crecian, ac yn crowcio:
Draenogod, chwilod, llygod llegach,
Ffwlbartiaid aflan – baban bwbach:
Gwiberod – nadroedd llysnafeddol,
A llawer ffyrnig gyw uffernol,
Pob gwrthun ac ysgymun gaid,
Yn dawnsio 'mhlith y ddieflig haid.

Belphegor oedd yn canu'r sturmant,
Mewn ceubren ellyll yn y ddunant;
A'i gyrn yn fforchi uwch ei ben,
Ac ar bob un tylluan wen;

A tw-hw-hw y tylluanod,
Oedd *chorus* cerdd y pwll diwaelod:
A Bel oedd nerth ei geg a'i ddwylo
Yn chwarae, a'r nentydd yn atseinio:
A'i lygaid tanllyd yn gwreichioni,
A'i garnau'n cydio yn y gwerni;
A'i gynffon oedd yn droeon draw,
Ymhlith y cerrig, pridd a baw;
Oddeutu hon roedd seirff plethedig,
Yn gwau yn hynod a gwenwynig;
Yn gwylio'n unol â'u colynnau,
Rhag i gaswyr drin ei goesau.

Roedd eirch, a chyrff yn farwol ynddynt,
Mewn amdo – a phob un ohonynt
Yn dal hir gannwyll, dan oer-gwyno,
Ar y ddu elor rhwng ei ddwylo –
A gwelai Huw tu hwnt i'r ceubren,
Ysgerbwd mwrdrwr ar grocbren,
A chyllyll hirion, llymion hyll-ddu,
A gwaed llofruddion yn eu rhydu;
A gwaedlyd ddarn o linyn sach,
Â'r hwn y tagwyd baban bach;
A darn o dwca mab y frad,
Â'r hwn y lladdodd mab ei dad;
Roedd gwaed yr henddyn hyd y darn,
A'r gwallt yn glynu wrth y carn –
A llawer o wrthrychau hyllion,
Eu henwi fyddai'n anghyfreithlon.

A thra roedd Huw yn llygadrythu,
Mewn syndod ac yn pensyfrdanu;
Gwylltach a gwylltach y digrifwch,
Llawnach a llonach y llawenwch:
Chwareua'r diafl hyd eitha'i allu,

A hwythau yn dawnsio oddi ei ddeutu;
Yn chwyrn a bywiog – a chorn neu bawen
Yn nwylo pawb, a phawb yn llawen;
Chwyrnach a chwyrnach, wrth edrych arnynt,
Y dawnsiant – llamant fel y llym-wynt;
Yn picio, *reelio*, ac yn rholio,
Nes chwysu eu cyrff, eu traed, a'u dwylo;
Nes colli eu peisiau yn eu brys,
A dawnsio'n noethion – ond y crys.

O Huw, Huw! Pe fuasai'r rhain
Yn lân lodesi cynnes cain;
Genethod heirdd dan ugain oed,
Pob un yn wisgi ar ei throed;
A gwisg o liain main lliw mân-od,
Mewn urdd yn hilio pob hardd aelod:
Rhoddaswn lond fy mhwrs o arian
Am im' gael gweled lluniau gwiwlan,
Aelodau heirdd pob siriol seren
Yn dawnsio wrth eu bodd yn llawen.
Ond gwrachod hyllion, crychion, crachog!
Digon i'th yrru yn gynddeiriog,
A pheisiau gwlanen am eu cluniau,
Yn neidio, sponcio is y banciau –
Rwy'n synnu'n fawr na wnaethant iti
Glwyfo o iasau a glafoesi.

Er hyn roedd Huw, a bendith iddo,
Y rholyn praff, yn graff ac effro:
Roedd un ymhlith y gwrachod crychion,
Sef merch i *witch* o Sir Gaernarfon,
Wedi ymlistio'r noswaith honno,
Gan Dylwyth Teg hi gadd ei hudo –
Bu sôn am Cadi drwy'r holl gwmwd,
Hi gurai bob rhyw *witch* yn siwrwd:

Pan fyddai morwyn lon neu lances,
Yn codi'n fore i odro'r fuches,
Mi fyddai Cadi a'i draenogod
Wedi godro'r bore'n barod:
Hi fyddai'n rhwystro'r llaeth i gorddi,
Er i'r llancesi gorddi o ddifri',
Ni chaed dim menyn yn y pum-awr,
A hyn a bera boenau dirfawr:
Hi fyddai weithiau'n suro'r cwrw,
Ac weithiau'n witsio y llaeth cadw:
Waith arall y byddai'n newid plantos,
Er poen a gofid i'r gwrageddos;
A'u ffeirio am blant Tylwythion Teg,
Pob un o'r rhain yn lledu ei geg,
I grio ddydd a nos heb beidio –
Och! Och! Fel byddai'n wichi-wachio.
Hi fedrai droi ei hun yn ddraenog,
Ac weithiau eraill yn sgyfarnog;
A llawer gwaith y cadd ei hela,
Ond curai'r cŵn bob tro yn dipia':
Pan heliwyd hi i'w bwthyn bach,
Mi fyddai wedi troi yn wrach;
A phawb yn ofni mentro yno,
Rhag byddai iddynt gael eu witsio.

Ond pan oedd Cadi'n dawnsio *reel*
Hefo ysbrydion Nant-y-chwil,
Yr oedd fel geneth ddeunaw oed,
Yn hardd ac ysgafn ar ei throed;
Yn lodes hoyw, loyw o lun,
Yn ddigon i ffoli diafl a dyn:
A'i phais o wlanen gwta, prin
Yn cyrraedd i lawr at ben ei glin:
Roedd Huw yn dotio ac yn synnu,
A Satan ei hun yn llygadrythu;

Gan chwarae nerth ei geg a'i ddwylo,
A Chadi dinsyth yno'n dawnsio;
Heb stopio funud yn ei stepiau,
Ond dawnsiai nerth ei thraed a'i choesau;
Nes darfu i Huw wirioni'n hollol,
Gan floeddio nerth ei geg yn wrol,
   "*Well done* y bais gwta!"
Ar winciad llygad y diffoddwyd
Y tân – a Huw mewn perygl bywyd;
A phrin mewn dychryn cychwyn gaed,
Nes oedd y felltigedig haid
Yn rhedeg ar ei ôl yn brysur:
"O gyrra Huw! Neu byddi'n rhywyr."

Os digwydd inni ddigio gwenyn,
Colynnant bawb ddaw'n agos atyn';
Pan floeddir "lleidr" yn y farchnad,
Ac yntau'n rhedeg hefo'i ladrad;
Bydd pawb yn rhedeg i ddal lleidr,
Fel ag y byddant i ladd neidr.
Fel milgwn chwyrn ar ôl 'sgyfarnog,
Y rhedai'r 'sbrydion yn gynddeiriog;
Yn chwim a llym – a Huw yn gyrru,
A Darby hithau yn carlamu:
Roedd Huw yn chwipio ac yn cleccian,
A hwythau'n 'scythru ac yn sgrechian.

O Huw! Yn uffern byddi heno,
Fel pennog coch y gwnânt dy rostio;
Ac er fod Siân yn gweithio arnad,
Ni chaiff ond gwrando ar dy farwnad.

Hwi! Hwi! Huw bach; Hwi! Darby annwyl,
Y mae'r ysbrydion yn dy ymyl;
Carlama'n fuan fel y gwynt –

Hwi Darby bach! Yn gynt, yn gynt –
Nes cyrraedd maen-clo Pont yr Aled,
Mae pawb yn gwybod am y dynged,
Na all na *witches* nac ysbrydion,
Na thylwyth teg ddim croesi afon.
Cyrhaeddodd Darby glo y bont,
Ond wele Cadi, fenyw front,
Yr hon a redai'n fuan, fuan,
Yn gynt na'r lleill – yrŵan! Rŵan!
Mae Cadi'n neidio at ei chynffon,
Gan ei gwasgaru yn ysgyrion;
Ond safiwyd Huw o'i gwinedd creulon,
A Darby hefyd – ond ei chynffon.

I ffordd â Hugh dros Bont y Gwyddyl,
Dan sisial, "Darby, Darby annwyl,
Os cawn ni unwaith gyrraedd Llanfair,
Ni fyddwn ddiwyd ac yn ddiwair:
Nid awn ni byth i blith ysbrydion
Na chwaith i faeddu hefo meddwon."

Ac erbyn hyn, ar ôl y dychryn,
A chael ymddianc o bafl y gelyn:
Roedd Huw yn sobr, lwydion fochau,
A chwys fel perlau hyd ei ruddiau:
A Darby'n crynu bob yn fodfedd,
A ffôm a baw, chwys a llysnafedd,
I'w hilio o'i phen i'r lle bu'r gynffon,
A'i llygaid yn melltennu'n wylltion.

Oddeutu pump o'r gloch y bore,
Cyrhaeddodd Huw a Darby adre:
Aeth Huw i'w wely'n sâl am wythnos,
A rhai a ddwedant am bythefnos:
A'i holl gymdogion ddaethant yno

I edrych ac i holi amdano;
Er mwyn cael clywed sôn am 'sbrydion
Dan wir ryfeddu mewn amryw foddion
Roedd rhai yn credu'r chwedl oll,
Am bob rhyw ellyll, hyllig, coll;
Ac eraill haerent amryw oriau,
Mai meddw fawr oedd Huw, yn ddiau;
Ac iddo gysgu, a breuddwydio
Yr hyn a draethais ichwi heno.

Ond pa fodd bynnag, gwir yw hyn,
Mae cyfnewidiad yn y dyn:
Y mae ef eilwaith wrth ei alwad,
Yn mynd i'r dref i ffair a marchnad:
Ond byth ar ôl yr helynt hwnnw,
Ni welodd neb mo Huw yn feddw.

# Cerddi a gyfansoddwyd erbyn 1862

## Dameg: Dic Siôn Dafydd yr Ail

Gwrandewch ar hanes Dic Siôn Dafydd,
    Mab i Ffwlcyn awen ffraeth,
A gadd ei fagu'n Llwyn y Rhosydd,
    Ar uwd a llymru a thatws llaeth.

Fe dyfodd Dic yn fachgen clyfar.
    A'i geraint frolient o un fryd,
Wel, dyma Gymro! Now or nefar,
    Fe fydd Dic yn berl i'r byd.

A chware teg i Dic, fe ddysgodd
    Ynghynt na'r gwynt ei *A, B, C;*
Ymhen ychydig iawn o fisoedd
    Yr oedd o yn y *Rule of Three.*

*Addition, Practice, Mensuration,*
    Rhyw *Vulgar Fractions,* a *Square Root,*
A ddysgodd, gyda *Navigation,*
    A'i feister dd'wedodd, *very goot.*

Yn bymtheg oed cadd le yn Lerpwr,
    Fel clarc i *Ferchant* enwog iawn,
A thŷ, a the, a thost, a pharlwr,
    Ac arian ddigon am ei ddawn.

Roedd Dic yn ddiwyd yn ei neges,
    Yn fachgen diddan glân ei glod,
Ac yn llwyddiannus yn ei fusnes,
    Ac aur ac arian yn ei god.

Yn ugain oed aeth Dic yn brydydd,
    Gan glincio y gynghanedd gaeth:
Wrth ddilyn Eisteddfodau beunydd,
    Fe ddaeth y gŵr yn ffraewr ffraeth.

Ac wedyn yfed, rafio, brolio,
    A bwlio'r Saeson eisin sil;
A'i waith yn cael ei esgeuluso,
    Nes trow'd ef allan *neck and heel*.

O'r diwedd daeth yn ôl i Gymru,
    Heb aur nac arian yn y boc,
A'r croeso gafodd gan ei deulu,
    Oedd ambell gic ac aml gnoc.

Fe ffeindiodd Dic ei hen gyfeillion
    Yn troi eu cefnau ar ei ddawn;
A ffeindiodd gydag ysig galon,
    Mai cas yw bardd heb boced lawn.

Ow, ow! Y truan aeth yn grwydryn,
    Yn ddiymgeledd a di-barch;
Heb obaith cysur ddydd mewn blwyddyn,
    Heb obaith cartref, ond yr arch.

Ei falchder gwympodd fel gwib seren,
    A phallodd gwawl ei lygad llon;
Ei iechyd wywodd fel y ddeilen,
    A'i galon dorrodd yn ei fron.

A Dic fu farw yn y Tloty,
    A chlonciwyd ef mewn trol i'w fedd,
I huno efo Dic o'r Fotty,[*]
    A phrin y cadd ei enaid hedd;

---

[*] Dic Siôn Dafydd y Cyntaf.

Oblegid dwedir fod ei ysbryd
   Yn trwblo rhai o feirdd ein gwlad,
I gablu'r Saeson ar bob ennyd,
   A'u galw'n feibion twyll a brad.

*Clo y Ddameg:*
Chwi feibion ieuainc Cymru annwyl,
   Gochelwch lithro i'r un hic,
A chofiwch gofio ar bob perwyl,
   Am holl anhunedd diwedd Dic.

## Calennig i Gymru
(Tôn: *Lili lon*

Gwyn fy myd pe gwelwn Gymru
A'i llu annwyl yn llawenu,
A phob llan a thref yn crefu
Mwy o gynnydd, mwy o ganu:
   Cymru lân, gwlad y gân,
   Cymru lân, gwlad y gân;
Hyfrydwch bardd yw arddel
   Tônau mêl y tannau mân.

Dyma 'ngwaedd a dyma 'ngweddi,
O fy nghalon i fy Ngheli –
I'r wlad hen lle ces fy ngeni
Byd o loniant boed eleni;
   Cymru lân, &c.

Boed it' fara gwŷn a menyn,
Cig a chawl i'th hawl, a thelyn,
Chwarae mawl a chwrw melyn,
Difai wledd ar hyd y flwyddyn;
   Cymru lân, &c.

Llai o rincian coeg oganau
Hen garolwyr llên gwerylau;
Mwy o wênau ar dy enau,
A dy lonaid o delynau:
　　Cymru lân, &c.


Pwy yw'r gŵr a'r ffraewr ffranc,
Ymhlith y llu sy'n canu cainc,
Fel hygar, hoyw, loyw lanc?
Tal a'i drwyn mewn ffrwyn yn Ffrainc!


## Ffarwel y Telynor i'w Enedigol Wlad

Mynd yr wyf o fy ngwlad,
Lle mae f'annwyl fam a 'nhad;
Gwae imi ddod y dydd,
Dagrau dreiglant dros fy ngrudd:
Ysgwyd llaw – braw i'm bron
Adael hen gymdeithion llon –
Eiliwn dôn, Delyn fwyn,
Chwydded hiraeth yn fy nghwyn.


Pan ymhell o fy ngwlad,
Troi a wna fy nghalon fad
Gyda serch ati hi,
Annwyl wlad fy mebyd i:
Ym mhob tôn a phob cân
Moliant rof i Gymru lân,
Tra bo medd, gwledd, a gwyl,
Tra bo 'nhelyn bêr mewn hwyl.

# Mae Robin yn Swil

Mae Robin fy nghariad yn lliwgar a glân,
Ei foch fel y rhosyn a'i wallt fel y frân;
Mae Robin yn weisgi ac ysgafn ei droed,
Y fo yw'r anwylaf a welais erioed:
    Ond – mae Robin yn swil,
        Mae Robin yn swil,
Mae'n ofid i 'nghalon fod Robin yn swil.

Pan fydd o yn eistedd i sgwrsio â 'mam,
Mi wn bydd ei lygad i'm dilyn bob cam;
Pan elwyf o gwmpas fy ngwaith gyda sêl,
Bydd Robin yn dotio ar bopeth a wêl:
    Ond – mae Robin yn swil, &c.

Pan oeddwn i neithiwr yn gwneud bara cerch,
Ac yntau wrth wylio yn swyno fy serch,
Roedd cannwyll ei lygad yn cynnau fy ngwedd,
A minnau yn gwrido o gariad a hedd:
    Ond – mae Robin yn swil, &c.

Bydd Robin yn barod y gaeaf a'r haf,
I'm nol ac i'm anfon ble bynnag yr af,
Heb ofyn am gusan, rhag ofn ei nacau,
A minnau'n hiraethu am roi iddo ddau:
    O! – Mae Robin yn swil, &c.

Mae serch yn tywynnu o'i wyneb a'i wên,
Er hyn mae'n rhy wylaidd i agor ei ên,
I gynnig ei gariad yn hoffus i mi,
A dweud, Mari annwyl, fy nghalon wyt ti:
    O! – Mae Robin yn swil, &c.

Os daw o ryw ddiwrnod rhwng hoffter a braw
I ddweud yn serchglwyfus gan wasgu fy llaw,
A gawn ni briodi, O Mari fy mun?
Cawn, cawn, Robin annwyl, os mynni, ddydd
   Llun:
      Bydd Robin yn ddyn
      Bydd Robin yn ddyn
O! Iechyd i'w galon, bydd Robin yn ddyn.


## Cymru Lân, Gwlad y Gân

Pa wlad sy mor berswynol â'n gwlad hynodol ni?
Pob bryn a dyffryn siriol sydd o anfarwol fri;
Gorenwog yw pob ardal am wŷr sy'n cynnal cân,
A rhydd yw ein mynyddoedd, a llon ein glynnoedd glân.

*Cytgan i bob Pennill:*
Cymru lân, gwlad y gân; Cymru lân, gwlad y gân;
Dy feibion oll a unant o hyd yn ddiwahân,
Mewn moliant, clod, a bri, i'th anrhydeddu di,
A'th garu yn oes oesoedd, Cymru lân, gwlad y gân.

Disgleirio wna dy Awen fel seren ym mhob sir,
Disgleiriodd yn foreol, a disglair fydd yn hir;
Gwladgarwch sydd yn gwenu i ddenu nerth dy ddawn
I ganu dy ogoniant o dant a chalon lawn.
   Cymru lân, gwlad y gân, &c. &c.

Dedwyddyd a thangnefedd, a rhinwedd fo i'th ran,
A'th lwyddiant fo ar gynnydd o fôr i fynydd ban;
Mynwesa dduwies Rhyddid, hoff Ryddid! Lân ei phryd,
Nes byddo ei hathrylith yn fendith i'r holl fyd:
   Cymru lân, gwlad y gân, &c. &c.

# Y Dymuniad

(Tôn Ffrangeg: *Ma Normandie*)

Pan ffy y gaeaf oer a blin
   I ddilyn hynt ei stormus gerdd;
Pan ddaw yr haf a thesog hin
   I lonni gwedd y ddaear werdd,
A thrydar adar yn y llwyn,
   A'r haul i wenu ar y lli,
Dymunwn fod yn Llanfair fwyn;
   O! Dyna'r fan i lonni'm calon i.

Trafaeliais i drwy lawer sir,
   A gwelais aml dro ar fyd;
Tra bûm yn byw mewn estron dir,
   Dolurus oedd fy mron o hyd:
Hiraethu byddwn ym mhob man
   Am weld y llan ar fin y lli;
Fy annwyl enedigol lan –
   O! Dyna'r fan lle mae fy nghalon i.

Yn fuan iawn y daw y dydd
   Pan fydd fy awen fwyn yn fud,
A minnau'n hen, a llwyd a phrudd,
   Heb obaith cysur yn y byd:
O! Na chawn ddiwedd oes mewn hedd,
   Mewn bwthyn bach wrth fin y lli;
A phan ddaw angau llym ei gledd,
   Cael marw yno yw 'nymuniad i.

## Cerdd, yn null Taliesin Ben Beirdd

Prif-fardd cyffredin
Wyf i blwm pwdin,
Biff a chawl cennin
Fy mro gysefin.

Eon-fardd union-farn,
A dyfodd mewn tafarn;
Bellach pob cadarn
A'm geilw Talhaiarn.

Mi fûm ymhlith crancod,
A Chymry a Ffrancod,
Albanwys, Gwyddelod,
A Lloegrwys a llygod.

Mi welais wep Boni,
A llun Pio Noni,
A muligatoni
Yn nghegin Ffranconi;
A Siân yn pendroni,
Heb obaith ohoni.

Mi es ar hynt mellten
Dros wyneb Daearen,
O Fodran i Eden,
O Rwssia i Hafren.

O grasdir yr Affric
I lynnoedd Americ;
Ym mhob lle anelwic
Roedd chware ffon ddwybic,
A stori ben pric.

Mi fûm yn yr huan
Mor ddall â thylluan;
Mi flinais yn fuan,
Dois adre' fel truan.

Mi euthum i'r lleuad
At Luna Eiluned;
Hi gododd ryw gaead
I ddangos hen ffuned
Yn orlawn o chwain,
A'r gŵr â'r baich drain
Yn gruddfan er dydd ei ddechreuad.

Mi euthum at Venus
Yn hyf a llawenus;
Ces gusan o'i gwefus:
Roedd Mars yn gilwgus,
Ac an-nhangnefeddus,
Am gicio *row* gecrus.

Mi es i'r twr tewdws,
Ac at Giorgium Sidws
Drwy'r llwybr llaeth ceindlws;
A chwympais yn siwtrws.

Mi welais ddyn glin-gam
Yn mynd dros Bont Lingam;
A geneth mewn gingam
Yn chwerthin yn fin-gam:
Sebastopol, Pekin,
Ararat a'r Wrekin,
A'r Wyddfa a'r Andes,
Yn dodwy fel *dandies*.

Mi gipiais fy fflagon
O waelod y wagon,
Ac es gyda Dagon
I geudod y Ddragon.

Profais pob prifwawd
Yn ysgafn fy ngwasgawd;
Ni wys beth yw 'nghnawd,
Cig eidion ai blawd.

Daeth Cadvan a Gwrgant,
A mil myrdd a thrichant
O feirddion oferddysg,
A mawrion i'w mysg –
Draig Goch a Draig Werdd,
A charol a cherdd.

Deffroais yn sydyn,
Heb awen na thelyn!
Rwy'n ofni mewn trwbwl
Mai breuddwyd yw'r cwbwl.
- *Talhaiarn a'i Dywawt.*


# Yr Arian

Dyma'r gwir yn glir a glân – er alaeth,
    Sy'n riwlio ym mhobman;
Mynych rhwng y gwych a'r gwan
Mae rwrw am yr arian.

## Toriad y Dydd

Y niwliog nos a gilia o ŵydd y wiwlan Wawr,
Sy'n gwrido yn y dwyrain dêr i lonni daear lawr;
Y glaswellt sydd yn dryfrith o berlau gloywon gwlith,
A blodau tlysion rhwng y dail a wnânt y gwyrdd yn frith;
Cantorion pêr y llwyni gyd-leisiant gynnar gân
O groeso i Aurora fwyn sy'n dod ar gwmwl glân;
Mae anian yn llawennu, a'r ddaear werdd mewn bri,
A phopeth byw o fewn y byd yn ddedwydd ond y fi.

Mae'r annwyl fun a gerais o dan y ddaear werdd –
O! Fenyw fwyn, ni chlyw fy nghwyn, ni wrendy ar fy
  ngherdd;
Ni wêl y dagrau heilltion a dreiglant dros fy ngrudd,
Wrth gofio swyn y cusan mwyn a ges o'i gwefus rudd:
Ond angau a'i cymerodd yn gariad iddo'i hun,
Ac angau sy'n cusanu min fy annwyl, annwyl fun;
Mae pigyn yn fy nghalon, a gofid yn fy ngwedd,
Galaru a hiraethu wnaf nes byddaf yn y bedd.


## Pêr Naws Awen

Trydanu serch ei pherchen – i lunio
  Haelionus gerdd drylen,
Yw rheol y wir awen;
A'i chysur yw llafur llên.

## Tôn y Melinydd

Mae gennyf dŷ cysurus,
    A melin newydd sbon,
A thair o wartheg blithion
    Yn pori ar y fron.
Ffa la la la la, &c.

Mae gennyf drol a cheffyl,
    A merlyn bychan twt,
A deg o ddefaid tewion,
    A mochyn yn y cwt.

Mae gennyf gwpwr' cornel
    Yn llawn o lestri tê,
A dreser yn y gegin,
    A phopeth yn ei le.

Er hyn i gyd, mae 'nghalon
    Yn brudd o dan fy mron,
O eisiau meinir annwyl
    I wneud fy myd yn llon.

A ddoi di, Mari annwyl,
    I'r Eglwys gyda mi?
Fy nghariad a fy nghoron,
    A'm calon ydwyt ti.

Os doi di, fy anwylyd,
    I'm gwneud yn ddedwydd ŵr,
Cei gariad y melinydd
    Tra try yr olwyn ddŵr.

# Cymer Ofal

*– Y mae Gwen yn chwerthin am dy ben.*

Pan fo siriol wenau merch,
A'i llygaid llon yn ennyn serch;
Pan fo gwrid ei gruddiau hi
    Yn denu'th galon di:
Er gogoniant glendid hon,
Mae brad yn nythu yn ei bron:
Cymer ofal, y mae Gwen
    Yn chwerthin am dy ben.

Melys wledd yw cariad mun,
A hardd a hudol yw ei llun;
Swynol yw ei gwefus gu,
    A'i pheraidd lais i lu:
Ond er gwawl ei hwyneb glân,
A llygaid nwyfus llawn o dân;
Cymer ofal, y mae Gwen
    Yn chwerthin am dy ben.

Ffalster chwery ar ei gên,
Ac anffyddlondeb yn ei gwên;
Nid tydi yw cariad hon,
    Na brenin braf ei bron:
Sieryd i dy dwyllo di,
Ond arall bia'i chalon hi;
Cymer ofal, y mae Gwen
    Yn chwerthin am dy ben.

## Y Tylwyth Teg

Awn i'r goedfron at y ffynnon,
    Lle mae dyfroedd gloyw glân;
Yno gyda mwyn awelon
    Tylwyth teg a eiliant gân:
Gyda llaw mewn llaw yn llawen,
    Dawnsio wnânt ar hyd y nos,
Pan fo sêr yn hulio'r wybren
    I gysuro'r lleuad dlos.

Yn y fodrwy werdd y dawnsiant,
    Gyda gwenau hoffus iawn;
Difyr fodau yn eu mwyniant,
    Ysgafn ydynt fel y gwawn:
Telaid yw eu môsiwn gweisgi,
    Prin cyffyrddant ddaear lawr –
Fel y gloywon sêr uchelfri,
    Ymddiflannant gyda'r wawr.

Maent yn rhydd oddi wrth ofalon,
    Helbul, gofid, poen, a chlwy';
Ingau, loesau, a threialon,
    Ni chyrhaeddant atynt hwy:
Prydferth ydynt fel angylion,
    Hyfryd yw eu chware chweg:
O! Annedwydd ddaearolion,
    Dysgwch fyw fel Tylwyth teg.

## Napoleon y Trydydd

Napoleon ddilon a ddyd – ei orthrwm
    Yn warthrudd i'r hollfyd:
  Dygasedd Duw a'i gesyd
  Yn arw bwn ar war y byd.

Dyn o enaid anunion – y dyfnaf
    A'r balchaf o'r beilchion;
  A challach am ddichellion,
  Berw a brad, na neb o'r bron.

Ail hanodd o Sant Helena – arwr
    I herio Ewropa;
  Yn ei nerth gyrru a wna
  Ddewr filoedd i ryfela.

Sathru a mathru'n lle meithrin – fel eirth
    Wna ei filwyr gerwin:
  Haid o ddiafliaid, yn ddiflin
  Gyfnerthant aidd y blaidd blin.

O! Gryfed yw ei grafainc – arwr yw
    Eryr ar uchelgainc:
  Ar ei swyddfawr orseddfainc,
  Gormesodd a ffrwynodd Ffrainc.

Duwies Rhyddid brid ei bron – ddinistria
    A'i ddawn astrus weithion:
  Trueni yw trywanu hon,
  A cheulo gwaed ei chalon.

I dir Prydain gain, a Gwynedd – ni ddaw;
　　Oni ddewis orwedd
　Yn Lloegria'n llwch a llygredd,
　O lid byd yng ngwaelod bedd.

Trais a gorthrwm trwm tramawr – ei fywyd,
　　A'i feiau echrysfawr,
　A bawlyd waith ei bylawr,
　Yn fwrn fônt yn y farn fawr.

## Y Ddeilen ar yr Afon

Mi welais ddeilen felen ar wyneb afon lefn,
Heb allu nac ewyllys, yn mynd yn wael ei threfn
I eigion ebargofiant, a myrdd i'w dilyn hi;
Ac felly yr un ffunud y cyd-ymdeithiwn ni:
Er pryder a gofalon, nid yw ein heinioes ni
Ond deilen ar yr afon yn dilyn cwrs y lli'.

Y llencyn ieuanc nwyfus, sy'n awr yn hardd ei wedd,
A'r eneth lân a hoenus, ymdeithiant tua'r bedd;
Maent heddiw'n wych mewn iechyd – yfory'n wan
　dan glwy',
A thrennydd yn y beddrod – ni welir mo'nynt mwy:
Er pryder a gofalon, nid yw ein heinioes ni
Ond deilen ar yr afon yn dilyn cwrs y lli'.

# Y Costog

Gwae i gostog a'i gastiau – ei soriant
  A'i sarrug guchiadau;
Dihiryn brwnt ei eiriau-
Rhoed ceisbwl y ffŵl mewn ffau.

## Yn Hen ac yn Anghynnes.

Mae pawb yn chwerthin am fy mhen,
  Fy mod i heb briodi,
A minnau'n ceisio caru Gwen,
  A hithau'n caru Roli:
Cynigais iddi galon lân,
  Ac aelwyd glyd a thanwydd,
A llond y drôr o arian mân,
  A bonet sidan newydd:
Ond ni ddaw Gweno deg ei gwawr
  I nythu yn fy mynwes;
A'r achos yw, fy mod yn awr
  Yn hen ac yn anghynnes.

Mae gennyf arian yn y banc,
  A gwartheg a cheffylau,
A gwas a morwyn, ci, a llanc,
  A hwyaid, ieir, a gwyddau:
Er hyn i gyd, mae blew fy ngên
  A gwallt fy mhen yn gwynnu;
A dywed pawb fod gwirion hen
  Yn wirion iawn wrth garu:
Ni ddaw y gangen deg ei gwawr
  I nythu yn fy mynwes;
A'r achos yw, fy mod yn awr
  Yn hen ac yn anghynnes.

Rhaid imi eistedd wrth y tân,
    A dilyn ffyrdd hen lanciau,
A gadael i lodesi glân
    Briodi eu cariadau:
Caf yfed bîr, a byw fel bardd,
    A chanu cerdd a rôrio;
Os na chaf gusan geneth hardd,
    Caf gatiad o dybaco:
Am hynny, ffarwel, Gweno fwyn,
    Diffoddaist serch fy mynwes;
Does fawr o gariad nac o gŵyn
    I'r hen ac i'r anghynnes.


## Y Doeth a'r Annoeth

Yr hwn a enir yn annoeth – ni chwrdd
    Wych urddas a chyfoeth;
Gwiw urddas roir i'r gwirddoeth –
Nid da yw dim ond y doeth.


## Geirda

Ei eirda mewn cywirdeb – rhodd ei Dduw!
    Rydd i ddyn fodlondeb;
A byw yn dda ni wna neb
Heb ei eirda a'i burdeb.

# Ein Prifardd Eben Fardd yn ei Glocs

Dyma fraw! Clocsio'r Awen? – Ow, Ow!
    Andwyir ei pherchen,
  Wrth droedio âr daearen,
  Heb odl brudd i'w bedol bren.

Boed *silk socks* yn lle clocsen – brethyn da
    I'r Brython dewr trylen:
  Byd *royal* boed i'r Awen,
  Esgid wych a gwasgod wen.

Wyled y byd wrth weled Bardd – ein gwlad
    Yn ei glocs, fel clêrfardd!
  Dyna brofiad i'n Prif-fardd,
  A haint ar ei henaint hardd.

Gwrided a wyled hen Walia – gwrided
    Mewn gwaradwydd eitha'
  Ei hastrus esgeulustra
  O ddawn Duw ac o ddyn da.

O! Gwalia, mae'n gywilydd – na roddet
    Ruddaur i'th Awenydd;
  Agor glo, a rho yn rhydd – anrheg goeth,
  Dda aur a chyfoeth i'th ddyrchafydd.

# Claddedigaeth Pencerdd

Ni cheir gwâr ddengar ddawngerdd – na gloddest
    Pan gleddir y Pencerdd:
  Clywir gwae pan gloir y gerdd,
  Dylifgwyn a dolefgerdd.

# Gruffydd ap Cynan

Mae hiraeth am fy annwyl wlad
    Yn gwlwm am fy nghalon i;
Mae'r adyn a gynlluniodd frad
    Yn uchel yn ei rwysg a'i fri;
A minnau'n cwyno nos a dydd,
    Yn rhwym ym mysg gelynol lu;
Ow, ow, na fawn yng Ngwalia rydd,
    Yn rhodio ei dyffrynnoedd cu.

Mae hiraeth am bob bryn a phant,
    A gwaun a dôl, a mynydd ban,
A hiraeth am fy ngwraig a 'mhlant
    Yn treiddio drwy fy nghalon wan:
Anrhydedd, mawredd, parch, a bri,
    A gefais gynt gan ddeiliaid pur –
Maent wedi ffoi – nid oes i mi
    Ond carchar a chadwynau dur.

Pa le mae'r milwyr mawr eu bri,
    A'r arwyr dewrion, cedyrn cad,
Y rhai a'm dilynasant i
    I ymladd dros ein hannwyl wlad?
Y maent yn llon, a minnau'n brudd,
    Does neb a wrendy ar fy nghwyn;
Na neb i'm gollwng i yn rhydd,
    A'm dwyn yn ôl i Walia fwyn.

# Cerddi a gyfansoddwyd erbyn 1869

*"Wele'r trydydd tro i geisio eich boddio,
ac efallai mai hwn fydd yr olaf."*

## Caerffili

Ar fore teg es gyda'r wawr
I syllu ar y castell mawr,
Gan synfyfyrio lawer awr
    Ar ddewrder, nerth, ac ynni,
Y rhai a fuont ar eu hynt
Yn brwydro yn yr amser gynt,
A'u baner fflamgoch yn y gwynt
    Ar uchaf Dŵr Caerffili.

Yn lle rhyfelwyr llawn o dân,
Yn dawnsio â lodesi glân,
A beirdd yn anfarwoli cân
    I arwyr am eu mawredd:
Y cigfrain hyfion nythant fry,
A'r tylluanod wnânt eu tŷ
Tu mewn i furiau'r castell cry',
    A'u dyrau anghyfannedd.

Yn lle y seirian arfau dur,
A gwridog wedd y cedyrn wŷr,
Ymhob ystafell, cell, a mur,
    Adfeiliant sy'n bodoli:
Nid oes yn awr na gwin na medd,
Na rhyfyg afiaith yn y wledd,
Ond distaw, fel y distaw fedd,
    Yw Castell mawr Caerffili.

# Sadnesses – Quellyn
*(Efelychiad\*)*

Trist yw'r dail yn niwedd Hydref,
    Pan yn gwywo yn y llwyn;
Sisial wnânt i'r gwyntoedd gwylltion
    Alar dwfn eu gwylaidd gŵyn:
"Buom gynt yn wyrdd ac iraidd
    Hyd y brigau yn ein bri;
Ond yn awr gwywedig ydym –
    Byr, rhy fyr, fu'n heinioes ni."

Ymaith hêd y gwyntoedd gwylltion,
    Rhuant ar eu cyflym hynt,
"Pa'nd ffolineb i chwi gwyno
    Am eich byr ddywenydd gynt:
Ni ddaw cawod i'ch ireiddio.
    Heulwen haf na gwlith y wawr;
Cwympo wnaethoch, blant gwywedig,
    Hunwch ar y ddaear lawr."

Prudd yw gweld y nos yn nesu
    Ar ei rhawd mewn mantell ddu,
Pan fo angau yn diffoddi
    Llewyrch llygaid cyfaill cu:
Trist ei weld mewn arch ac amdo,
    Trist yw syllu ar ei wedd,
Tristach fyth yw gweld ei briddo
    Yn ei fud a'i fyddar fedd.


Trist yw stormydd oerion Rhagfyr

---
\* 'Quellyn' oedd enw barddol y bardd R. Harris Jones [gol.].

I'r tylawd fo'n wael a blin;
Crynu mae ar aelwyd ddiwres,
　　Neu yn rhynnu yn yr hin:
Didrugaredd yw tylodi,
　　A gresynus yw ei lun:
Duw a helpo'r adyn truan,
　　Pan na fedr helpo'i hun.

Trist yw'r môr pan fo yn rhuo
　　Marwnad morwr ar y traeth:
Arwr eofn fu wrth hwylio,
　　Ond i'r dyfnder boddi wnaeth:
Er i'r eigion mawr grychferwi,
　　Pan ddaw'r storm ar aden gref,
I ewynnu brig y tonnau
　　Uwch ei ben, ni ddeffry ef.

Trist yw calon y carcharor
　　Pan yn cwyno yn ei gell;
Trist yw alltud pan yn myned
　　Dros y môr i dalaith bell:
Colli golwg ar ei riaint,
　　Colli'r bwthyn lle bu'n byw;
Colli gobaith, ffydd, a chariad,
　　Colli popeth ond ei Dduw.

Trist yw gweled loesau siomiant
　　Yn dirglwyfo mynwes mun;
Dwys anobaith dyrr ei chalon,
　　Gwywo wna ei lliw a'i llun;
Dagrau dros ei gruddiau lifant,
　　Angau nytha yn ei bron,
Gan argraffu yn ei hwyneb,
　　"Nid oes mwyach hedd i hon."

Trist yw gwraig pan gyll ei phriod,
    Ymaith ffy pob hoen a hedd;
Trist yw cri y weddw druan
    Wrth alaru ar ei fedd:
Trist yw plentyn bach amddifad
    Yn wylofain yn ei grud;
Heb ei fam i wenu arno,
    Heb amgeledd yn y byd.

Trist yw gweled y Pererin
    Ar ei daith i Ganaan bell;
Yn hiraethu am Galfaria,
    Fel y meudwy am ei gell:
Treia gyrraedd ben y mynydd,
    Cwympa mewn angheuol loes;
Cwyd ei welw law wrth farw,
    A'i olygon at y Groes.

O! Dduw mawr, pa hyd y pery
    Galar, ing, a phoen, a gwarth?
Truain ydym yn palfalu
    Mewn tywyllwch, niwl, a tharth:
Gofid, gofal, a helbulon
    Sy'n ein poeni ni o hyd;
Deued cariad i reoli
    Pawb a phopeth yn y byd.

## Efelychiad o'r Ffrangeg

Chwi nwyfus feirdd,
    Sy'n dotio ar lodesi heirdd,
Hyd risg y coedydd yn y llwyn
    Argraffwch enwau eich cariadon;
Mae enw fy mugeiles fwyn
    Yn argraffiedig yn fy nghalon.

# Y Gwlithyn

Pur yw gwlithyn ar y rhosyn,
    Annwyl yw ei lun a'i liw,
Pan fo gwên y wawr yn euro
    Glyn a dôl a bryn a rhiw:
Byr ei amser i belydru
    Ar y rhosyn teg ei lun,
Fel y deigryn fo'n disgleirio
    Yn y gwrid ar ruddiau mun:
Ymaith hed y gwlithyn hardd,
      Ond y rhosyn
      Erys wedyn
I gysuro bron y Bardd.


# Traddodiad Beddgelert

O'r helfa ar ei fuan farch,
    Llywelyn ddaeth i'w Lys,
Gan seinio'i gorn, ac ato daeth
    Ei deulu oll ar frys:
Fan welodd wedd ei Rian lân,
    A'i gwenau hawddgar hi;
"Pa le mae Gelert?" ebai ef,
    "Pa le mae 'mhlentyn i?
Paham na ddaw y ddau yn awr
    Â chroeso mawr i mi?"
"Mae'th fab mewn hun – a thybaisi i,
    Fod Gelert gyda thi."
"Gad i mi weld fy annwyl fab,
    A'i wasgu at fy mron;
Fy nhrysor pennaf ydyw ef
    Ar wyneb daear gron."

Ar frys yr aeth i'w stafell ef,
   Cadd yno ddychryn mawr;
Roedd cryd ei blentyn wedi ei droi,
   A gwaed yn rhuddo'r llawr!
"Fy mhlentyn tyner," ebe ef,
   "Fy mhlentyn annwyl i!
Rhyw lofrudd, a'i ysgeler law,
   Derfynodd d'einioes di!"
A Gelert o rhyw dywyll le,
   A gododd ar ei draed;
A'i lygaid yn melltennu tân,
   A'i safn yn goch gan waed:
"Ai ti a wnaeth y weithred hon?
   O elyn tost i mi!"
A sydyn gyda'i gleddyf llym
   Trywanodd ef ei gi.

A! Dyna lais o dan y crud,
   Fel miwsig angel siw;
Ymgrymu wna y Fam a'r Tad,
   Mae'r plentyn eto'n fyw.
Wrth droi y dillad, gwelant ef
   Yn gwenu yn ei hun;
Ac wrth ei ben yn gelain gorff
   Mae blaidd o aflan lun.
Llewelyn ddwedai yn ei loes,
   "O! Gelert, ffyddlon gi,
Achubaist ti ei fywyd ef,
   A lleddais innau di!
Cei faen o farmor ar dy fedd,
   Anrhydedd fydd dy ran."
A'r ci, wrth lyfu llaw y Llyw,
   Fu farw yn y fan!

# Siencyn Morgan yn yr Eisteddfod

(Tôn: *Siencyn Morgan.*)

Aeth Siencyn Morgan fwyn
    I gynnal yr Eisteddfod;
Wrth edrych heibio'i drwyn
    Fe welodd bethau hynod:
Mae'n gweld pob peth yn groes
    O'i gorun i'w benelin:
A dyma'r hanes roes
    O 'Steddfod fawr Caerfyrddin.

Wrth yr Orsedd, fel dau Bab,
    Roedd Hwfa a Chynddelw,
A llawer mun a mab
    Yn disgwyl cael eu galw:
Roedd rhai'n awyddus iawn
    Am dderbyn rhyw ffugenwau;
Ond gwell i blant y mawn
    Fai dysgu eu paderau.

Yr oedd y Babell fawr
    Yn orlawn o wladgarwyr,
A rhai o'r rhain yn awr
    Yn fwy eu sŵn na'u synnwyr:
Roedd yno rolyn gwag
    Â llai o *wit* na bloneg,
Yn brolio'r iaith Gymraeg
    Mewn araith hir yn Saesneg.

Roedd corau mawr eu sŵn
    Yn canu am y gorau,
Yn gwneud wynebau cŵn
    Wrth brofi nerth eu lleisiau:
Roedd rhai o lid yn llawn,
    Wrth wrando ar y Beirniad,
Yn barnu'n groes i iawn:
    Felly y bydd hi'n wastad.

Roedd beirdd yn fawr eu trwst
    Wrth adrodd eu henglynion,
A'r pennaf yn y ffrwst
    Oedd Madoc Alltud Eifion:
Gwna englyn i'r holl ger
    A welir mewn Eisteddfod;
Does dim o dan y sêr
    Wna iddo ddal ei dafod.

Caed solo haner llath
    Gan Sinior Solffego,
A llif o datws llaeth
    Yw'r llef a ddaw o'i geg o:
Roedd rhai yn bloeddio, "Llew,"
    A "Llew" a "Llew" 'n ddiflino:
Wel, wir, peth digon glew
    Yw clywed Llew yn rhuo!

Yn llofft yr *Ivy Bush*
    Roedd twrw cas anghynnes,
A Thal wrth gael y *brush*
    Yn chwerthin yn ei lawes:
Roedd beirddion y V fawr
    Yn canu, ffraeo, dwndro;
Ceiriog a'i drwyn i lawr,
    A Bodran yn areithio.

R'ôl canu sol lol ffa,
    Boed ini lenwi'n gwydrau,
Ac yfed iechyd da
    I'r sawl sydd yn ddi-feiau:
Dyma ddymuniad glân
    I ennill serch a mawrglod;
Boed hedd i wlad y gân,
    A llwyddiant i'r Eisteddfod.

# Rhyw Las-lencyn wyf o Gymru
(Efelychiad o *I'm a Young Man from the Country*)

Rhyw las lencyn wyf o Gymru,
    Ar daith i *races* Caer;
Mi fedraf fyw o'r gorau,
    Heb ofal mam na chwaer:
Rwy'n gwybod llawer am y byd,
    A dweud y gwir i chwi:
Rhyw las-lencyn wyf o Gymru,
    Ni chewch fy nhwyllo i.

Disgynnais yn y *Station*,
    Ac euthum i'r *Roodee*;
A gwelais rai yn chwarae
    Y *thimble rig and pea*:
Ac ebe un, "*Come make your bets,*
    *You'r sure to win from me:*" –
"Twt, *over the left* y twyllwr,
    Ni chei fy nhwyllo i."

Pan welais y ceffylau
    Yn mynd yn gynt na'r gwynt;
"Os joiniwch yn y *sweepstakes*,
    Enillwch bymtheg punt."
Medd rhyw hen Jocki llaes ei farf,
    A gwep fel wyneb ci;
"Rwyf yn Gymro," meddwn innau.
    "Ni chewch fy nhwyllo i."

Wrth droi yn ôl i'r Ddinas,
  Mi welais eneth wen,
Mewn sidan a rubanau,
  A blodau am ei phen:
Ac ebe hi, "*I love you much,*
  *Pray will you marry me?"*
"Rhyw las-lencyn wyf o Gymru,
  Ni chewch fy nwyllo i."

Ac ebe rhyw hen sowldiwr,
  "Cewch fenthyg swllt gan i;
O, dowch i mewn i'r dafarn,
  A joiniwch yn y sbri;
*You are the very man we want.*
  *A Captain soon you'll be;"* –
"Rhyw las-lencyn wyf o Gymru,
  Ni chewch fy nhwyllo i."

Wel, rhyfedd fel mae twyllwyr
  Yn twyllo ym mhob man;
Mae'n anhawdd iawn eu gochel,
  Mewn pentref, tref, a llan:
Wel, twylled pawb eu gorau glas
  Yn ôl y *rule of three*;
Rhyw las-lencyn wyf o Gymru,
  Ni chewch fy nhwyllo i."

## Breuddwyd Blingwsg

Delwau blingwsg a'm duliant – rhyw ddi-dor
  Freuddwydion a'm poenant;
Afluniaidd y diflannant, gan ddychwel
Yn ôl i'w *kennel* fel niwl y ceunant.

# Cwympiad y Dail

Odfa gwastraff ac adfail
Ydyw dydd cwympiad y dail:
Gwywodd anadl y gaeaf,
Ar ei hynt, dlysni yr haf;
Mae pob deilen felen fu
Yn y llwyn yn llawenu,
Ar y llawr yn awr mewn nych,
Yn yr eirlaw neu'r oerwlych;
Neu'n sbort i hynt y gwynt gau,
Oer ei lithriad ar lethrau.

Cwynaf wrth weled ceinion
Yn gwisgo'r glog halog hon:
Mil myrdd o ddail, adfail ŷnt
O ryniad y dwyreinwynt:
Drych yn wir i boeni'r byd,
Oer odfa, a gwir adfyd.
Wrth im rodiaw draw ar dro,
Rhyfedd eu gweld yn rafio:
Yn llamu dawns mewn llymwynt,
A gwau ar eu troellog hynt;
A'r gwynt llafar yn chwarae –
Yn ei sŵn maen nhw'n mwynhau
Asbri a *joy* sbri a *jig*
Od, o geudod y goedwig:
Dawnsio ar âr wrth farw
I chwerw gân a wnân' nhw.

Yn y daith aeth fy mron, do,
Yn farwaidd wrth fyfyrio
Ar dynged anweledig,
A mawr wynt yn llymhau'r wig,

Yn nghanol haf braf ei bryd,
Ei lawnfaeth a'i lawenfyd,
Mor fwyn oedd gwedd y llwyni,
A mawl yr adar i mi,
Yn gerddlon o'r coed gwyrddlas,
A'u nwyf lef is y nef las:
Da oll, a miwsig di ail
Yw hir gerddi o'r gwyrdd-ddail;
A wyneb haul, ac anian,
Yn gwenu er cwnu cân.

Yn awr nid oes fawr o fudd
Is y wybren ddwys obrudd;
Tramwy i'r daith, trwm yw'r dydd
I henafwr anufudd,
Wrth dremio ar dro yn drist,
O lethrau ar hil athrist
Irdwf yr haf yng ngafael
Ysbryd distryw, gwyw, a gwael,
Yn gwastraffu llu y llwyn
Yn ynfyd ac yn anfwyn –
Afrad odfa, difrod adfail,
Ydyw dydd cwympiad y dail.

## Afon Elwy

Sŵn rhyfedd sy'n yr afon – a phrudd yw
  Ei pheraidd alawon:
 Cwyno o hyd wna cân hon
 Ar ogwydd tua'r eigion.

## "Fe dyrr rhywun arall gynffon ei gi."

Aeth Siân Mari Morus i ganlyn ei gŵr,
I ffair Abergele i ganol y stŵr,
I werthu y mochyn, ond be oedd hi nes,
Hi gollodd ei phoced a chollodd y pres:
A Siôn yn ei dondio wrth ddyfod yn ôl.
Yr oedd o'n un ffiaidd, a hithau'n un ffôl.
   Ond ho, ho, ho, cyn hir, welwch chwi,
   Fe dyrr rhywun arall gynffon ei gi.

Aeth Robyn y Fferwd a'i gariad i'r ffair,
Gan feddwl cael pleser am ddwyawr neu dair;
Aeth Robyn i drêtio Miss Nansi o'r Glyn,
Ac wedyn i garu Miss Jones a Miss Wynn:
Ac felly fe gollodd ei gariad ei hun –
Yn awr y mae Robyn yn byw heb yr un.
   Ond ho, ho, ho, cyn hir, welwch chwi,
   Fe dyrr rhywun arall gynffon ei gi.

A Wil o Foel Emwnt, rhyw swagrwr go fawr,
Oedd yno yn curo ei het yn y llawr;
Yn bloeddio a slensio a rafio'n ddi-rôl,
A chafodd ei guro cyn dyfod yn ôl.
Pan êl rhyw lanc ifanc go benwan a ffôl
I'r ffair heb un neges, caiff neges yn ôl.
   Ond ho, ho, ho, cyn hir, welwch chwi,
   Fe dyrr rhywun arall gynffon ei gi.

Fel ffair Abergele, mae bywyd o hyd,
I lawr ac i fyny tra bom yn y byd;
Mae rhai trwy bob trallod yn rhodio yn rhydd,
Ac eraill yn slipio neu dripio bob dydd:
Ar ôl pob tro trwstan, a helynt, a sbri,
Y stori a dderfydd mewn deuddydd neu dri.
   Ond ho, ho, ho, cyn hir, welwch chwi,
   Fe dyrr rhywun arall gynffon ei gi.

## Ni Choeliwn yn fy Myw

Ai oes gonestrwydd yn y byd
    A chware teg yn bod?
Mae pawb yn twyllo'r naill a'r llall
    Am arian, aur, neu glod:
Mae'r byd yn wancus yn ei raib
    A Mamon wrth y llyw;
Ai gonest ydyw peth fel hyn?
    Ni choeliwn yn fy myw.

Masnachwyr gwychion yn eu gwaith
    Sy'n pesgi ar y wlad,
A'u genau ffals yn dyblu'r pris
    Wrth werthu nwyddau rhad:
A brolio'r pethau salaf wna
    Y twyllwyr o bob rhyw;
A'i gonest ydyw peth fel hyn?
    Ni choeliwn yn fy myw.

Cyfreithwyr a Seneddwyr, a
    Marsiandwyr o bob llun
Gribddeiliant, a'u harwyddair hwynt,
    Yw, *caraf fi fy hun:*
Mae pawb yn byw yn onest iawn
    Fel Robyn Prydderch Puw:
Oes posib imi goelio hyn?
    Ni choeliwn yn fy myw.

Gwladgarwyr a phrydyddion da
    A froliant Gymru lân,
Wenieithiant er mwyn ennill clod
    Ac arian am eu cân:
Mae rhai yn dweud mai bendith byd
    Yw rhagrith o bob rhyw;-
Oes posib imi goelio hyn?
    Ni choeliwn yn fy myw.

# Castell Rhuthun
(Pryddest)

*YR ARLUN CYNTAF – A.D, 1283.*

Mae'r Castell Coch* yng Ngwernfor yn disgleirio,
   Yn ngwenau'r haul ar fore teg o Wanwyn,
Fel pe bai'r ucheldyrau oll yn gwrido,
   Wrth gofio am farwolaeth ein Llywelyn.


Ysblennydd ydyw gwawr y muriau mawrion,
   Mae ôl saernïaeth cywrain hyd y tyrau;
A dur a derw yw y drysau cryfion,
   A hir a chulion yw y gwawl-rigolau.


Mae baner concwest ar ei dŵr cadarnaf,
   Ac oddi mewn mae milwyr yn gwersyllu;
Ac yn eu mysg y mae'r gorthrymwr garwaf,
   A phwys plaid gorthrech creulon yn teyrnasu.


De Grey ddewiswyd gan y Brenin Iorwerth,
   I'w gynrychioli ef yn Nghastell Rhuthun,
I ddial ar y Cymry diymadferth,
   Ac arglwyddiaethu ar yr eang Ddyffryn.


Pruddglwyfus yw calonnau y Brythoniaid,
   A llac a mud yw tannau pêr y Delyn;
Ac yn eu tristwch o dan iau estroniaid,
   Mae'r Cymry oll yn wylo am Llywelyn.


Collasant eu prif arwr a'u diffynydd,
   Yr hwn a frwydrodd dros eu hawliau'n ffyddlon;
Yn awr dieithriaid sydd yn eu magwyrydd,
   A'u tir a'u tai yn ysbail i'w gelynion.

---

* Castell Coch oedd enw gwreiddiol Castell Rhuthun.

Yn awr mae gormes efo'i winedd llymion
    Yn trawsfeddiannu tiroedd gorau Cymru:
Cyfiawnder wrida dros y weithred greulon,
    A Rhyddid uwch y lladrad sy'n galaru.

De Grey a'i filwyr wleddant yn y castell,
    Yn llawn o hoen a hyder goruchafiaeth;
Mae rhwysg a gloddest ym mhob cell a 'stafell
    A chwrw, gwin, a medd yn tanio'r afiaith.

"Y trechaf treisiad, gwanaf gwaedded," yw
    arwyddair
Yr arglwydd balch sydd yno yn llywyddu:
A lluoedd sydd o'i gwmpas yn cyniwair,
    A miwsig mwyn a maswedd yn cynyddu.

Ymffrostio wnelent yn eu nerth a'u dewrder
    Uwchben eu diod gan warthruddo'r Cymry:
Mae gallu Lloegria oll tu cefn i'w baner,
    A hwythau yn eu hoen yn gwybod hynny.

Mae anghyfiawnder gyda dig'wilydd-dra
    A gwastraff yn y castell yn teyrnasu;
A llawn lythineb sydd yn porthi'r traha,
    A lluoedd oddi allan ar lewygu.

A fydd parhad i'r afiaith a'r ymloniant,
    A'r grym a'r hyder sydd yn ymorchestu?
Pa beth fydd diwedd rhwysg y gwag-ogoniant
    Sy'n awr o'r Castell Coch yn ymddyrchafu?

Efallai daw y dydd pan fydd dialedd,
    A gwedd gynhyrfus fel y stormus eigion,
Yn dyfod yn ei rym yn llawn cynddaredd,
    Gan 'sgubo ymaith ormes iau y Saeson.

Mae Nemesis yn dilyn drwg-weithredwyr,
  A chosb yn dilyn pechod yn ddiddiwedd:
Pan ddaw y dydd a'r awr bydd gwae i'r treiswyr,
  Trosglwyddir hwynt yn aberth i ddialedd.

*YR AIL ARLUN – A.D. 1400.*

Pwy welaf yn dyfod yn ngrym ei wrhydri,
A lluoedd o filwyr o dan ei faneri,
A thymestl ei nwydau yn chwyddo ei ddwyfron,
Ac ysbryd dialedd yn tanio ei galon?
Glyndŵr, a'i ddewr filwyr, sy'n dyfod yn sydyn,
Fel mellt a tharanau dros wyneb y dyffryn:
I gosbi De Grey am ysbeilio'i feddiannau,
Bradychu ei deulu a threisio'i iawnderau
Fel corwynt yn rhuthro dros wyneb yr eigion,
Gan hyrddio a rhwygo y tonnau brigwynion;
Fel ffrydiau'r mynyddoedd ar ôl y glawogydd,
Yn rhuthro i'r ceunant yn flin ac aflonydd;
Y rhuthra y milwyr yn llawn o gynddaredd,
A dewrder yn ennyn eu grym a'u dialedd.
Helmedau, llurigau, tarianau ddisgleiriant,
Cleddyfau a fflachiant, picellau a wibiant;
Y milwyr a floeddiant, a'r meirch a weryrant,
De Grey a'i holl ddeiliaid ar gyfrgoll a ffoant;
Enciliant mewn ofn, fel diadell o ddefaid
A chalon grynedig, pan glywant y bleiddiaid;
Fel haid o g'lomennod o wydd y Barcutan,
Y Saeson ddihangant o'r erchyll gyflafan.
Mae'r nos yn dynesu, a'r wybren yn bygddu,
Dan garnau y meirch mae y palmant yn crynu:
Trigolion y farchnad a giliant yn lluoedd,
Mae trwst fel daeargryn yn llenwi y strydoedd;
Mae'r nefoedd yn gwgu a'r wybren yn dywell –
Ha, ha, wele dân yn ymddyrchu o'r castell,

Mae'r to yn ysglyfaeth i fflamau melynion,
A'r trawstiau a'r distiau yn ffaglu yn yfflon,
Y Dodrefn cerfiedig a welir yn goelcerth,
A phopeth o eiddo De Grey wneir yn aberth.
Mae'r tân yn ymledu i'r toeau cyfagos,
A'r dinistr sydyn yn ddychryn i'r ddunos;
Mae stryd ar ôl stryd yn ysglyfaeth i'r fflamau,
A'r goelcerth enynnol yn rhuddo'r cymylau!
Mae gwŷr drwy ei gilydd yn gwau yn ddiflino
I borthi y tân gan ysgrechian a bloeddio;
Yn ôl ac ymlaen fel ellyllon y fagddu,
Ac ysbryd dialedd sydd yno'n teyrnasu.
Mae'r tân yn cynyddu a'r gwynt yn ei lidio,
A'i fil o dafodau'n cwhwfan a rhuo;
Mae'r mwg yn ymddyrchu yn dorchau llwyd-
    gochion,
Gan wasgar ei sawyr ar edyn awelon,
A'r dyffryn yn olau o Euarth i'r eigion.
Moel Famau, Coed Marchan, a'r bryniau
    cyfagos,
A wridant yn nghwmni'r ffurfafen a'r ddunos;
Y sêr a ymguddiant o wydd yr olygfa,
A'r cymyl a wylant uwch ben y g'lanastra;
Y toeau a gwympant yn nghanol bonllefau,
Y milwyr fu'n cynnau a phorthi y fflamau.
O, mawr yw y dinistr, mawr yw y difrod,
Pan fyddo gelyniaeth yn chwerw fel wermod
Ym mynwes caseion, a hwythau yn brwydro
Yn llymion a'i gilydd am dir neu am eiddo;
Neu'n bennaf am ennill mawr rwysg
    goruchafiaeth,
A bod yn Dywysog mewn gwlad a llywodraeth.
Fel hyn yr ad-dalodd Glyndŵr i'w brif elyn,
De Grey, llywodraethwr y Brenin yn Rhuthun,
Yr hwn a'i hysbeiliodd o'i dir a'i feddiannau,

Yn groes i gyfreithiau y wlad a'i hiawnderau:
Cynhyrfodd ei ysbryd i godi dan arfau,
I ymladd dros Ryddid a gwlad ei gyndadau:
A'r Cymry a ddaethant yn ddewr ac yn ddifri,
Yn lluoedd aneirif o dan ei faneri;
I ddial y camwedd a gafodd eu Harwr,
Gan Arglwydd de Grey, ei brif elyn a'i fradwr.

    Ac erbyn toriad gwawr y borau,
    Nid oedd o'r castell ond y muriau;
    A champwaith cryf yr uchel dyrau
    Wedi gwrthsefyll grym y fflamau;
    A'r dref o gwmpas oedd yn ulw
    Er gwae a phrofedigaeth chwerw
    I drist galonnau ei thrigolion,
    Dinistriwyd hi gan ryfel creulon-
    *"Woe to the vanquish'd"* a gyflawnwyd,
    Sef, gwae i'r rhai a oresgynnwyd.

## Y TRYDYDD ARLUN. A.D. 1403.

    Mae'r castell wedi ei atgyweirio,
    Y nen a'r lloriau yn disgleirio,
    Ac addurniadau hyd y muriau,
    A'r ystafelloedd oll yn olau:
    Mae rhwysg a gloddest a llawenydd
    Yn cydgyfarfod mewn dywenydd:
    Cain dduwies pleser sy'n llywyddu,
    A phawb yn ddedwydd i'w ryfeddu.
    Ar ôl y storm o fellt a th'ranau,
    Mae'r haul yn gwenu rhwng cymylau,
    A gwres a gwawl ei wyneb melyn
    Mewn lloniant sydd yn deffro'r dyffryn:
    Cyfeillion a gelynion unant,
    Mewn ysbryd hoenus cyd-chwaraeant;

Anghofir pob gelyniaeth heno,
Y llid, y tywallt gwaed, a'r brwydro;
Cymry a Saeson gyda'i gilydd
A ymollyngant i lawenydd.
Pa beth yw'r achos o'r holl gyffro,
Y bwyta, yfed, canu, dawnsio?
Hwn ydyw dy'gwyl y Briodas,
Priodas gŵr a gwraig o urddas;
Jane Fychan hoffus ferch Glyndwr
A gafodd Lord de Grey yn ŵr;
Mae'r gŵr a'r wraig mewn gwisgoedd
    gwychion
Yng nghanol lluoedd o gyfeillion,
Yn hoenus ac yn orfoleddus,
Wrth wenu ar y dorf yn hoffus.
O'u hamgylch mae boneddigesau,
Yn gain a siriol mewn sidanau:
Marchogion, milwyr, a Barwniaid,
Cerddorion, telynorion, deiliaid,
Yn llon gan win a medd a chwrw,
Hael fu y wledd y diwrnod hwnnw.
Picellau llymion a chleddyfau
Sy'n addurniadau hyd y muriau:
Arf-wisgoedd gwychion a helmedau
Sy'n ddisglair ar eu pedestalau:
O'r nen yn hongian mae baneri
Yn hoff arwyddion o wrhydri
Y dewr farwniaid a'r marchogion,
Wŷr pybyr heno'n ddifyr ddigon.
Gwna ysbryd lloniant ac addfwynder
Y neuadd fawr yn Deml pleser;
A chain dywynnu wna dywenydd
Gan ysbrydoli y llawenydd:
A hwythau'r peroriaethwyr cywrain
A wnânt i'r cadarn fur ddyspedain,

Gan sŵn hudolus miwsig swynol,
Ogleisia glustiau yn berseiniol.
Ymlaen â'r ddawns, na hidiwch fymryn,
Pa bryd bydd cyfaill eto'n elyn:
Mae pleser heno yn rheoli,
Ac afiaith gydag ysbryd aspri
Yn ennyn nwyfiant yn y galon,
Gan chwalu ymaith bob gofalon:
A'r oriau hedant mewn llawenydd
I chwim gofnodi y dywenydd.
Ymlaen a'r ddawns, cyn hir daw rhyfel
A ffroen o dân a chalon ufel,
Ac anrhaith ar ei siwrne greulon
I droi cyfeillion yn elynion:
Newidia dyner heulwen heddwch
Yn gymyl duon annedwyddwch;
O'r rhai'n daw storm o fellt a th'ranau
Yn weithredyddion llym i angau –
Ymlaen a'r ddawns er gwaethaf hynny,
Ac na ofalwch am yfory.

*Y PEDWARYDD ARLUN – A.D. 1645.*

Mae'r Brenin Siarl y cyntaf yn y Castell,
   Ar ffô o Rowton Heath ar ol y frwydr;
Mae'n synfyfyrio'n ddwys yn ei ystafell,
   R'ôl colli'r dydd a cholli lleng o'i filwyr.

Pruddglwyfus yw ei galon am ei deulu,
   A gwelw yw ei wedd a blin ei ysbryd;
Mae gofid yn ei wyneb hardd yn nythu,
   A'i dyner fron yn gartref annedwyddyd.

Mae rhuddfarch rhyfel gwladol yn gweryru,
    A'r cleddyf llym yn wancus am ysglyfaeth;
Mae'r Orsedd Fainc a'r Deyrnas oll yn crynu,
    A rhuad megnyl siglant y llywodraeth.

Y tywallt gwaed, y difrod ar ei ddeiliaid,
    Y lladdedigion yn y brwydrau gerwin,
Gweithredoedd ei elynion a'i ffyddloniaid,
    Ymrithiant i ddarfelydd chwim y Brenin.

D'oes ryfedd iddo wylo a gofidio,
    Mae tynged erwin yn ei ddilyn beunydd,
A'i ddilyn wna nes caiff ei ddienyddio
    Yn nghanol cyffro, tristwch a llawenydd.

O ddydd i ddydd mae'r amser yn dynesu,
    Mae haul ei fywyd dyrys ar fachludo;
Mae llwyth o loesau croesau ar derfynu,
    A boed i ninnau wylo deigryn drosto.

*A.D. 1646.*

Mae Mytton efo byddin fawr y Senedd
    Yn gwarchae'r castell costus yn ddiflino;
A'r amddiffynwyr selog mewn teyrngaredd
    Yn ddyddiol ar ei filwyr yn ymruthro.

Ergydion megnyl mawrion sydd yn rhuo,
    A'u dur-belenni yn chwilfriwio'r muriau;
Gan wneud adwyau llydain ar eu chwyrndro,
    A hyrddio lluoedd i gref grafanc angau.

A'r amddiffynwyr saethant yn ddiddiwedd
   Gan wneuthur bylchau'n rhengau y
      Gwarchaewyr
Mae rhyfel yn hyfrydu mewn celanedd –
   O! Creulon ydyw gwaith a gwastraff milwyr.

Bu ambell frwydr rhwng y Rhos a Rhuthun
   Rhwng y teyrngarwyr ffyddlon a'r seneddwyr:
Ond colli wnaethant yn eu hymgyrch sydyn,
   Er iddynt ddangos dewrder fel rhyfelwyr.

Mae ogof wedi ei gwneud o dan y castell
   Yn llawn o bylor i chwilfriwio'r muriau,
A dymchwel twˆr a neuadd a milwr-gell
   Yn bendramwnwgl ar y celaneddau.

R'ôl brwydro am wythnosau'n ddewr a ffyddlon,
   Ac ennill clod y gelyn fel rhyfelwyr;
Pan ar newynu collodd gwŷr y Goron –
   Agorwyd drysau'r castell i'r Gorchfygwyr.

    Ymhen ychydig amser wedyn.
    Y dadymchwelwyd Castell Rhuthun;
    Yn ôl gorchymyn gwŷr y Senedd
    Y gwnaed y tyrau teg yn garnedd;
    Ni chlywir mwyach dincian arfau,
    Na rhwysg na gloddest rhwng ei furiau;
    Nac ymdrech rhyfel rhwng y pleidiau,
    Yn atsain yn ei ucheldyrau,
    Bu gynt yn drigfan creulon elyn,
    Fu'n arglwyddiaethu ar y Dyffryn;
    De Grey a'i rymus orthrymderau,
    Ysbeiliwr Cymry o'u meddiannau.
    Ond daeth yn 'sglyfaeth i adfeiliant,
    Machludo wnaeth ei holl ogoniant:

Mae llinyn anhrefn ar ei feini,
A drain ac ysgall a mieri,
Yn cynnwys oddi mewn ac allan,
Ddraenogod a ffwlbartiaid aflan;
Y wadd a'r 'stlum sydd yno'n llechu,
A chogfrain yn y muriau'n nythu.
Fel hyn y bu ei ystafelloedd
Dros gant a haner o flynyddoedd,
Heb arwr, milwr, na gorthrymydd,
Na gwin na gwleddoedd, na llawenydd.

*DIWEDDGLO*

Yn nechrau'r ganrif hon cyfodwyd
Y Castell hwn o'i sail i'w gromglwyd,
I harddu tref henafol Rhuthun
Ac i goroni'r dengar Ddyffryn:
Ac ynddo mwyniant a thangnefedd
Sydd yn teyrnasu yn ddiddiwedd.
Pan ddelo dy' gŵyl yr Eisteddfod,
Ceir yma groeso, bwyd a diod
I feirdd, areithwyr a cherddorion,
A miwsig mwyn y telynorion.
Tra byddo chwythiad gan awelon,
Tra byddo tonnau yn yr eigion,
Tra byddo gwawl yn llonni'r Dyffryn,
Pob llwyddiant fo i Gastell Rhuthun.

## Awen

Anadl Duw yn odl y doeth – yw awen
    Anwywol bardd gwirddoeth:
Hir uchafir ei chyfoeth,
A molir cân fel aur coeth.

# Mynegai Llinellau Cyntaf

A mi yn rhodio ar brynhawngwaith braf ................. 97
Aeth Siân Mari Morus i ganlyn ei gŵr ..................... 190
Aeth Siencyn Morgan fwyn ....................................... 184
Ai oes gonestrwydd yn y byd ..................................... 191
Anadl Duw yn odl y doeth – yw awen ................... 201
Ar fore teg es gyda'r wawr ......................................... 178
Athrawiaeth newydd heb ei bath yw hon ............... 34
Awn i'r goedfron at y ffynnon .................................. 171
Bu gennyf glamp o lwdwn ......................................... 77
Castellog greigiau Drachenffels ............................... 142
Chwi nwyfus feirdd ..................................................... 181
Cwyd, cwyd, ehedydd llon ......................................... 25
Cwympodd Caradog, dyrysodd ei fyddin ................ 31
Cysur bywyd, hyfryd hin ............................................. 51
Dadebra beraidd Awen lawen lwnc ............................ 3
Deffroed gwŷn ac ynni yn fy mron ........................... 28
Delwau blingwsg a'm duliant – rhyw ddi-dor ........ 187
Dewch chwifiwch Faner Prydain ............................. 131
Di fraw y daw y dydd ................................................... 56
Dyma fraw! Clocsio'r Awen? – Ow, Ow! ................ 176
Dyma'r gwir yn glir a glân – er alaeth .................... 167
Dyro, Dduw, dy nawdd ................................................ 72
Eben Fardd, pe bawn furddyn .................................. 134
Ei eirda mewn cywirdeb – rhodd ei Dduw! ........... 175
Ein gwydrau gorlenwn, mwyn yfwn mewn hedd .... 45
Er cael pleserau o bob rhyw ...................................... 128
Erato, Thalia, Clio, ac Euterpé ................................. 116
Fy awen annwyl, dyma'r canto olaf ......................... 121
Fy Awen dlosfain, dere gyda'r bardd ........................ 23
Fy enw i yw Deio Prys .................................................. 92
Geiriau gwar y gŵr geirwir – a'i ddoniau ............... 138
Gwae i gostog a'i gastiau – ei soriant ...................... 174
Gwael a gwan ydwyf, yr awel a drodd ....................... 49

Gwell gan gar, a ffrind, a brawd ................................ 104
Gwrandewch ar hanes Dic Siôn Dafydd ................ 158
Gwrandewch, y Cymry glân ...................................... 110
Gwyn fy myd pe gwelwn Gymru ............................ 160
Ha, ha! Mae'r haf yn dyfod gyda gwên ...................... 39
Harlech, cyfod dy faneri .............................................. 32
Haul gwych, enaid y gwawl ........................................ 68
Heb ardduniant barddoniaeth – nid yw'r byd ........ 127
Henffych well i wlad fy nghalon .............................. 132
Henffych, odidog arglwydd y gwawl: y gogoneddusaf
o greadau yr Hollalluog Dduw .................................. 65
Hyd finion dolydd gleision Clwyd ........................... 143
Llif o wawd a llef wiwdeg .......................................... 136
Mae 'nghariad fel y lili lân ........................................ 138
Mae Garibaldi'n dyfod yn ei rym .............................. 85
Mae gennyf dŷ cysurus ............................................. 169
Mae hiraeth am fy annwyl wlad ............................... 177
Mae pawb yn chwerthin am fy mhen ...................... 174
Mae Robin fy nghariad yn lliwgar a glân ................ 162
Mae'r hedydd yn ddedwydd, a'i galon yn lân ........ 126
Mi ddaliaf am goron neu geiniog ............................... 81
Mi draethaf chwedl bach i chwi .................................. 7
Mi gana'n ddigynnil i'r baril a'r bir .......................... 130
Mi welais ddeilen felen ar wyneb afon lefn ............ 173
Mi welais fachgen ieuanc llon .................................... 42
Mynd yr wyf o fy ngwlad ......................................... 161
Napoleon ddilon a ddyd – ei orthrwm ................... 172
Newidia'i lliw y nef gamelion ................................... 139
Ni cheir gwâr ddengar ddawngerdd – na gloddest 176
Nid oes drwy holl Brydain un dyffryn mor hardd .144
O! Afon Elwy loyw lân ............................................... 74
O! Fendigedig fun ....................................................... 89
O'r helfa ar ei fuan farch .......................................... 182
Ofer yw balchder y byd – ac ofer ............................ 133
Oferedd, gwagedd, a gwegi – cariad ....................... 139

Orenwog wlad fy nhadau, mor annwyl i mi wyt .......127
Pa wlad sy mor berswynol â'n gwlad hynodol ni? .163
Paham y mae pleser a phoen dan fy ais? ..................93
Pan ffy y gaeaf oer a blin ...........................................164
Pan fo siriol wenau merch .........................................170
Pan fydd cymedrol, ddoniol ddynion ......................145
Pan oedd tew gaddug yn gorchuddio'r byd ..............69
Pleser sy'n dy rudd yn gwrido ....................................96
Prif-fardd cyffredin ....................................................165
Pur yw gwlithyn ar y rhosyn ....................................182
Rhyw las lencyn wyf o Gymru ..................................186
Sŵn rhyfedd sy'n yr afon – a phrudd yw ................189
Telynor! Ti a dynni dân ............................................140
Trist yw'r dail yn niwedd Hydref .............................179
Trydanu serch ei pherchen – i lunio .......................168
Tyrd Awen unwaith eto ar dy hynt ............................10
Tyrd, Awen annwyl, tyrd, fy ngeneth fwyn ..............16
Y Cymry hoyw, gloyw, glân ........................................83
Y ffrydiau grisialaidd ymunant â'r afon ..................141
Y niwliog nos a gilia o ŵydd y wiwlan Wawr ........168
Yn fwyn a dedwydd fy mron .....................................13
Yn fy nghwsg fy hoff ddymuniad ..............................48
Yn rhodio yr ydwyf, yn isel fy nghalon .....................49
Yr hedydd ar wiw aden – yn swynol.......................137
Yr hwn a enir yn annoeth – ni chwrdd ..................175
Ysblennydd yw'r haul wrth euro y wawrddydd .......46

Ar gael hefyd o www.melinbapur.cymru:

*W. J. Gruffydd*
# Y Tlawd Hwn:
# Casgliad o Gerddi

*"Fe ddaw eu tro'n ddiogel – ond pa waeth?*
*Ni leddfir tinc y chwerthin melys rhydd;*
*Ni ddelir adain maboed un yn gaeth*
*Wrth gofio am drueni'r meirwon prudd,*
*A'u dwylo'n groesion, yn eu gwely gro."*

William John Gruffydd (1881-1954) oedd un o ffigurau cyhoeddus mwyaf blaenllaw'r byd Cymraeg yn ystod hanner cyntaf yr ugeinfed ganrif. Roedd yn un o ysgolheigion mwyaf dylanwadol ei oes ym maes llenyddiaeth Gymraeg, yn olygydd *Y Llenor* am ddegawdau, a bu'n enwog hefyd am ei gystadleuaeth wybyddol a gwleidyddol gyda Saunders Lewis, a ddaeth i'w hanterth yn ystod isetholiad sedd Prifysgol Cymru yn 1943, a enillwyd gan Gruffydd.

Fel bardd, fodd bynnag, daeth Gruffydd i'r amlwg yn gyntaf, a hynny'n llanc ugain oed pan gyhoeddwyd Telynegion, ei gydweithrediad gydag R. Silyn Roberts. Ystyrir ef o hyd yn un o feirdd mawr y dadeni mewn barddoniaeth Cymraeg ar ddechrau'r ugeinfed ganrif, ac er bod detholiadau lawer wedi'u gwneud o'i waith, y gyfrol hon yw'r ymgais cyntaf i gasglu ynghyd holl weithiau barddonol cyhoeddedig y bardd.

Ar gael hefyd o www.melinbapur.cymru:

*R. J. Derfel*
# Cwyn y Gweithwyr a Cherddi Eraill

*"Tra byddo ein gwlad o gwr i gwr*
*Yn eiddo arglwyddi tir,*
*Na chaned Cymro wladgarol gerdd,*
*Heb ynddi frawddeg o wir;*
*Yn hytrach datganer rhyfel gân,*
*I gasglu y Cymry ynghyd;*
*I ymladd â'r gelyn am y tir,*
*Nes ennill y wlad i gyd."*

Roedd Robert Jones Derfel (1824-1905) yn fardd, traethodydd, llyfrwerthwr a chyhoeddwr, ac fe'i cofir yn bennaf heddiw fel cenedlaetholwr cynnar ond yn anad dim fel un o arloeswyr y mudiad Sosialaidd yng Nghymru. Yn hytrach na chystadlu mewn Eisteddfodau, defnyddiodd ei farddoniaeth er mwyn amlygu gwirioneddau anodd Prydain y bedwaredd ganrif ar bymtheg: tlodi, anghydraddoldeb, hawliau gweithwyr, ac agweddau at ferched.

Y detholiad hwn o'i farddoniaeth yw'r cyntaf i gael ei gyhoeddi ers dros canrif. Wedi'i gynnwys hefyd mae rhagymadrodd gan D. Ben Rees, sydd wedi cyhoeddi nifer o lyfrau ar dreftadaeth sosialaidd Cymru.

MELIN BAPUR

Ar gael hefyd o www.melinbapur.cymru:

*Alun*
# Cathl i'r Eos a Cherddi Eraill

*"Er dichon fod ei chalon wan*
  *Yn delwi dan y dulid,*
*Ni chwyna, i flino'i hannwyl rai –*
  *Ei gwên a guddia'i gofid:*
*Ni pheidia'i chân trwy ddunos faith,*
  *Nes gweled gobaith golau*
*Yn t'wynnu, megis llygad aur,*
  *Trwy bur amrantau'r bore."*

Roedd Alun, a defnyddio enw barddol y brodor o'r Wyddgrug John Blackwell (1797-1840), yn un o feirdd Cymraeg mwyaf llwyddiannus a phoblogaidd rhan gyntaf y bedwaredd ganrif ar bymtheg. Er nad oes dim ond cymharol ychydig o'i waith wedi goroesi, ystyrir ef yn ddolen gyswllt bwysig yn natblygiad y traddodiad telynegol Cymraeg.

Mae'r detholiad hwn o'i waith yn cynnwys mwyafrif helaeth y cerddi o'i eiddo sy'n hysbys; gan gynnwys yr awdlau enillodd iddo sawl gwobr mewn Eisteddfodau taleithiol yr 1820au, nifer o englynion, ynghyd â'i gerddi yn y mesurau rhydd, sef y gweithiau daeth yn fwyaf adnabyddus amdanynt.

MELIN BAPUR

www.melinbapur.cymru

Dilynwch ni ar:

X (@melinbapur)
Facebook (@melinbapur

www.ingramcontent.com/pod-product-compliance
Lightning Source LLC
Chambersburg PA
CBHW061217070526
44584CB00029B/3866